T0110807

Printed in the United States
By Bookmasters

النظريات الجزئية والكلية

في العلاقات الدولية

بسم الله الرحمن الرحيم

(قَالَ رَبِّ اشْرَحْ لِي صَدْرِي (25) وَيَسِّرْ لِي أَمْرِي (26) وَاحْلُلْ عُقْدَةً مِنْ لِسَانِي (27) يَفْقَهُوا قَوْلِي)

صدق الله العظيم

النظريات الجزئية والكلية
في العلاقات الدولية

الأستاذ الدكتور
عبد القادر محمد فهمي

2010م

رقم الايداع لدى دائرة المكتبة الوطنية
(2010/2/618)

327
فهمي ، عبد القادر محمد
النظريات الجزئية والكلية في العلاقات الدولية/عبد القادر محمد فهمي- .
-عمان : دار الشروق ،2008.
( )ص
ر.أ : 2010/2/618
الواصفات: العلاقات الدولية/

تم إعداد بيانات الفهرسة الأولية من قبل دائرة المكتبة الوطنية
يتحمل المؤلف كامل المسؤولية القانونية عن محتوى مصنفه ولا يعبّر هذا المصنف عن رأي دائرة المكتبة الوطنية أو أي من جهة حكومية أخرى

ISBN 978-9957-00-441-5 (ردمك)

- النظريات الجزئية والكلية في العلاقات الدولية.
- تأليف :الدكتور عبد القادر محمد فهمي..
- الطبعة العربية الأولى :الإصدار الأول2010
- جميع الحقوق محفوظة ©.

دار الشروق للنشر والتوزيع
هاتف : 4624321/4618191/4618190 فاكس: 4610065
ص.ب :926463 الرمز البريدي :11118 عمان - الأردن
Email: shorokjo@nol.com.jo

دار الشروق للنشر والتوزيع
رام الله-المصيون :نهاية شارع مستشفى رام الله
هاتف : 2975632-2991614-2975633 فاكس: 02/2965319
Email: shorokpr@planet.com

- الإخراج الداخلي وتصميم الغلاف وفرز الألوان والأفلام :
دائرة الإنتاج/ دار الشروق للنشر والتوزيع
هاتف: 4618190/1 فاكس4610065/ ص.ب. 926463 عمان (11118) الأردن

الإهداء

إلى ينابيع المحبة والعطاء ...

زوجتي وأولادي ...

المحتويات

المقدمة

ثمة اتجاه في الرأى نعتقد بصواب افتراضه ومفاده، أن الموضوعات التي يعنى بها علم العلاقات الدولية، بشقيها النظري والتطبيقي، تنحصر ببعدين أساسيين هما ، التعاون والصراع، وفي كليهما تكمن مصلحة الدولة في تقرير أي من هذين البعدين هو الأكثر صلاحية لتحقيقها وإنجازها، الأمر الذي يدفع بنا إلى القول، إن الافتراض الذي يؤسس لبناء نظرية عامة في العلاقات الدولية يتمحور حول فكرة أن عامل المصلحة الوطنية أو القومية هو العامل المقرر في صياغة الأنماط المتعددة والمتنوعة من العلاقات ما بين وحدات المجتمع الدولي، وإلى الحد الذي يجعل من الصعوبة بمكان أن نتصور وجود عالم يخلو من علاقات ما بين الوحدات التي يتشكل منها.

من هذا المتغير الأصيل يمكن أن تشتق عدة نظريات تشكل عماد النظرية العامة في العلاقات الدولية، قد ينطلق البعض منها من افتراضات جزئية محددة لتفسير الظاهرة بأبعادها الكلية - الشمولية. في حين يذهب البعض الآخر من هذه النظريات إلى تفسير الظاهرة السياسية الدولية من خلال رؤية شمولية تعين على كشف الخصائص التي تتميز بها العلاقات القائمة ما بين الوحدات الدولية.

في ضوء ما تقدم تضمنت هيكلية الدراسة أربعة أبواب: عالج الباب الأول الإطار المفاهيمي للعلاقات الدولية، وأنصرف الباب الثاني والثالث إلى دراسة وتحليل النظريات الجرئة والكلية في العلاقات الدولية وعلى التوالي. أما الباب الرابع فقد خصص لمعالجة بعض القضايا الدولية الراهنة التي تهم المجتمع الدولي باختلاف الوحدات التي يتشكل منها .. ومن الله التوفيق.

د. عبد القادر محمد فهمي

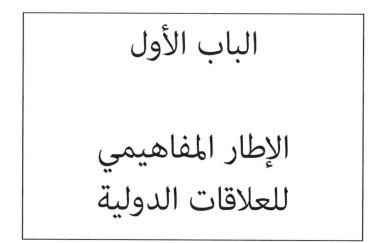

الباب الأول

الإطار المفاهيمي
للعلاقات الدولية

الفصل الأول

علم السياسة وعلم العلاقات الدولية

بدءاً علينا أن نحدد أن العلاقات الدولية مادة مشتقة من علم السياسة، وكلاهما ينتميان إلى حقل العلوم الاجتماعية.

وصفة الاشتقاق هذه متأنية من كون علم السياسة هو العلم المختص بدراسة السلطة، أما علم العلاقات الدولية فهو يختص بدراسة وتحليل كل ما يترتب على ممارستها، أي ممارسة السلطة، في المجال الخارجي، أي خارج حدود الدولة.

هذا يعني، أن علم العلاقات الدولية بقدر ما هو علم مشتق من علم السياسة ومرتبط به في نفس الوقت، فإن ثمة اختلافاً ظاهراً بينهما. ووجه هذا الاختلاف يكمن في أن علم السياسة يمثل الإطار الأشمل الذي يتفرع منه علم العلاقات الدولية. فالأصل هنا هو علم السياسة. هذا أولاً ، وثانياً، إذا كان اهتمام علم السياسة ينصرف إلى دراسة السلطة بكليتها، أي دراسة السلطة كظاهرة سياسة وحقيقة اجتماعية في إطار مجموعة اجتماعية هي المجتمع السياسي، فإن علم العلاقات الدولية ينصرف إلى دراسة جزئيتها أو جزء منها، بمعنى أنه يدرس ذلك الجزء المتعلق بمظاهر السلوك الناتج عن ممارستها على الصعيد الخارجي، أو الممتد خارج نطاق اختصاصها الداخلي.

وفي الوقت الذي يبحث علم السياسة في كينونة السلطة المنظمة والضابطة للمجموعة الاجتماعية المتواجدة فيها، فإن علم العلاقات الدولية يعنى بكينونة علاقات ما بين السلطات السياسية لمختلف المجموعات الاجتماعية. كما وأن علم السياسة يبحث في وحدة الروابط بين سلطات المجموعات الاجتماعية المنظمة تنظيماً سياسياً، أي الدول.

13

فضلاً عن ما تقدم، يكمن مظهر التمايز بين علم السياسة وعلم العلاقات الدولية في اختلاف التعاطي مع البيئة التي ينشغل بها كل منهما، فعلم السياسة ينصرف إلى البيئة الداخلية للوحدة السياسية (الدولة)، وهي بيئة تحتكم إلى وتتحكم فيها سلطة مستأنسة بعامل الاحتكار الشرعي للقوة. بينما علم العلاقات الدولية ينصرف إلى البيئة الخارجية المتمثلة بجمع من الوحدات السياسية (الدول وغيرها من الكيانات الدولية الأخرى)، أي في عديد من قوى متميزة قد تتعاون وتتصارع فيما بينها، لكنها لا تتكامل من حيث درجة وطبيعة القوة التي يجوزه كل منها. إن البيئة الداخلية هي بيئة القوة المتمركزة في السلطة، بينما البيئة الخارجية هي بيئة تتعدد فيها مراكز القوى. ويترتب على ذلك، أن علم السياسة هو علم السلطة، كما سبقت الإشارة، في حين أن علم العلاقات الدولية هو علم تعدد السلطات وما ينجم عن هذه التعددية من علاقات وروابط قد تجمع أو تفرق فيما بينها.

ويشتق من هذا الاختلاف الجوهري بين البيئتين الداخلية والخارجية اختلاف آخر يتجسد في طبيعة ومضمون القرار واتخاذه. فالبيئة الداخلية الممثله بوجود سلطة واحده فيها فيها فأنها تتميز بوحدة اتخاذ القرار. بمعنى أن هناك وحدة قرارية واحدة تعبر عن إرادة واحدة هي إرادة الدولة، في حين تتميز البيئة الخارجية بتعدد مراكز اتخاذ القرار وذلك نتيجة لخلوها من مظاهر الاحتكار الأحادي والنهائي لأدوات العنف المنظم، أو لوسائل القوه. وبفعل هذه التعددية في مراكز القوى ومراكز اتخاذ القرار في البيئة الدولية ينشأ التفاعل السلوكي بين وحدات المجتمع الدولي، حيث يتمظهر بأنماط تصارعية أو أنماط تعاونية، أي أنه يجمع بين ظاهرة التعاون والصراع الدوليين.

هذا من ناحية، من ناحية اخرى، عندما تنعت العلاقات الدولية بصفة العلم فنقول، علم العلاقات الدولية، فإننا نقصد بذلك جانباً من المعرفة التي تستهدف الكشف عن الحقيقة، حقيقة الأشياء وخواصها. وبقدر تعلق الأمر بعلم العلاقات الدولية، فإنه علم تجريبي ينصرف موضوعه إلى الكشف عن

حقيقة الظواهر السياسية الدولية، ويسعى إلى تفسير وتحليل الوقائع والأحداث الدولية تحليلاً علمياً موضوعياً بهدف التوصل إلى نتائج منطقية بشأنها.

هذا يعني ، وبعبارة أخرى، أن علم العلاقات الدولية قائم على أساس تصورات نظرية قوامها الملاحظة والمراقبة والمشاهدة والتحليل والاستنتاج لأنماط متعددة من العلاقات والروابط بين وحدات ومكونات المجتمع الدولي بهدف صياغة افتراضات منطقية تصلح لوضع قوانين محددة تُعين على تفسير المظاهر المختلفة التي تحكم تلك العلاقات التي يمكن رصد حدوثها ما بين الوحدات الدولية.

وفي الواقع، فإن الدراسة المنهجية لعلم العلاقات الدولية لم تظهر على نحو جاد وموضوعي إلا في الولايات المتحدة الأمريكية، وبعد الحرب العالمية الأولى التي اندلعت في بداية القرن العشرين، حيث سعى الباحثون، ولا سيما المؤرخون والدبلوماسيون الغربيون، إلى البحث في أسباب تلك الحرب ودوافعها والنتائج التي قادت إليها وذلك من خلال التعرف إلى العوامل السياسية والتاريخية والاقتصادية والجغرافية والاستراتيجية بهدف فهم التطور الحقيقي للعلاقات ما بين القوى الدولية.

وخلال الفترة الممتدة ما بين الحربين العالميتين الأولى والثانية نشطت الجهود الأكاديمية لمدرستين فكريتين، هما المدرسة المثالية والمدرسة الواقعية للبحث عن السبل التي تحول دون إشعال حروب دولية ثانية، وتقدم ضمانات قوية لإقامة السلام الدولي. وفي الوقت الذي ركز المثاليون على ضرورة الإلتزام بالمبادئ الأخلاقية والقواعد القانونية والقيم الإنسانية لضبط الاندفاعات اللاعقلانية في تحقيق المصالح القومية، والتركيز على دور العقل والمثل العليا في إدارة الشؤون العالمية، اعتبر الواقعيون أن هذه المطالب خيالية تتطلع إلى ما ينبغي أن يكون عليه الواقع الدولي، ولا تعطي تفسيراً لما هو قائم فعلاً حيث تفرض ضرورات حماية الأمن القومي وتحقيق المصالح

القومية والحاجة إلى القوة العسكرية للعمل على تحقيقها، ذلك أنها تعدّ من مستلزمات حماية الدولة وضمان وجودها واستمرارها.

إلا أن اندلاع الحرب العالمية الثانية كان بمثابة انتصار لأنصار المذهب الواقعي، وانتكاسه فكرية تعبر عن لا واقعية منهج التفكير المثالي، مما اضطر انصار المدرسة المثالية إلى إعادة تقويم مذهبهم، وأخذوا يدعون إلى دمج القانون والتنظيم الدوليين بقوة مؤثرة تمكن من استتاب السلام الدولي والأمن الدولي للدول ولتسوية المنازعات بينها بطرق عادلة وسلمية.

وعلى هذا شهدت مرحلة الأربعينيات وحتى منتصف الخمسينات من القرن الماضي جهود فكرية تركز على منهج القوة في دراسة العلاقات الدولية. وكان من أنصار هذه الرؤية (هانز موركنثاو) مؤسس المدرسة الواقعية في تأكيده على العلاقة المركبة لثنائية (القوة- المصلحة).

لقد اعتبر (موركنثاو) أن القوة هي الظاهرة الوحيدة والأكثر قبولاً من الناحية المنطقية في تفسير وتحليل العلاقات الدولية. فعلى الدوام، ومن وجهة نظره، كانت العلاقات ما بين الدول محكومة بثنائية مركبة هي (القوة - المصلحة) .

بمعنى أن هذه العلاقات لم تُبنَ الا على أساس ما للدولة / الدول من مظاهر القوة تعينها على تحقيق أهدافها ومصالحها العليا. وبذلك يكون (موركنثاو) قد ربط ربطاً محكماً بين القوه والمصلحة، واعتبر كليهما غاية ووسيلة في الوقت نفسه.

فمن مصلحة الدولة زيادة قوتها، كما أن قوة الدولة هي الأداة والوسيلة لتحقيق مصالحها وضمان حمايتها.

وهكذا، فالدول، وهي تسعى إلى تحقيق مصالحها، فإنها لا يمكن أن تسقط من حساباتها اعتبارات القوه الكامنة لديها.

بمعنى، إذا كان لكل دولة مصالح فإن هذه المصالح لا يمكن إنجازها أو ضمان حمايتها إلا عن طريق القوه فالقوه هي السبيل الوحيد، أو العامل الرئيس، لتحقيق مصلحة أو مصالح الدولة. وفي الوقت ذاته، كلما تمكنت الدولة من تحقيق مصالحها كلما أسهم ذلك في زيادة قوتها.

وبالمعنى نفسه ذهب (مارتن ويبت) عندما تطرق بالقول: إن ما يميز التاريخ المعاصر هو سيطرة فكرة القوة على فكرة الحق التي اخذت تحتل مكانة بارزة في وصف الوجه الجديد للعلاقات الدولية - كما ذهب (جورج شوارزبيرغر) إلى اعتبار القوه بأنها المتغير الأصيل في السياسة الدولية، وأن الدول ينبغي لها أن تتصرف وهي تسعى لتحقيق أهدافها، على ما يمكن توظيفه من قوه مادية لاعلى أساس ما يمكن أن تعمله من الناحية الأخلاقية. إلا أن (شوارز بيرغر) استدرك بالقول أن هذا التوصيف لاستخدام القوه ينبغي أن لا يفهم على أنه توظيف مطلق وفي كل الأحوال، أو لا يجوز اعتبار القوة أنها مجرد نوع من الشهوة المدمرة، إنما هي مزيج من الاقناع والإكراه. بمعنى أنه يفضل توظيف القوه المادية لتحقيق الأهداف من خلال التهديد بها والتلويح باستخدامها بدلاً من اللجوء إليها فعلاً وعلى نحو مباشر(1).

ومع ذلك، ورغم كل ما تقدم، فإنه يفترض الإشارة إلى أن تفسير وتحليل الأحداث والوقائع الدولية في إطار المفهوم الشامل للعلاقات الدولية، ووفق رؤية أنصار المذهب الواقعي، لا يعني بالضرورة اللجوء الدائم إلى القوة، بمعنى، أن مصالح الدول وأهداف سياستها العليا لا تتحقق دائماً باستخدام القوة، مما يدفع بنا إلى القول أن منطقاً كهذا لا يعبر عن رؤية موضوعية ولا يقدم تفسيراً عقلانياً للعديد من الحقائق التي تبنى عليها العلاقات ما بين الدول والتي تكون بعيدة عن حقائق القوة والصراع من أجلها. ذلك أن السمة الأحادية في تفسير وتحليل العلاقات الدولية بالاعتماد على منهج القوة تفضي دائماً إلى أن تكون الدول عدوانية وتوسعية بفعل مغريات القوه التي تدفع دائماً إلى الاحتكام إليها، الأمر الذي من شأنه أن يحول المجتمع الدولي إلى مجتمع فوضوي.

هذا من ناحية، ومن ناحية أخرى، إذا كان التركيز على موضوع القوه هو الأكثر شيوعاً بين الدراسات المعنية بتفسير وتحليل العلاقات الدولية، وفي مرحلة تاريخية معينة، فإن هذا الاتجاه الفكري لم يمنع من بروز موضوعات أخرى ، إلى جانب نظرية القوة، كان لها نصيب وافر في تقديم رؤية مغايرة

لتفسير الأحداث والوقائع الدولية، ومنها بروز الاتجاه غير المنحاز في السياسة الدولية، وتنامي دور الدبلوماسية العلنية، والسعي الجاد لعقلنة أهداف السياسة الخارجية ، ودور الدعاية والرأى العام، وموضوع التحالف ونظرية التكامل والاندماج الدولي والإقليمي، والدعوات المطالية بنزع السلاح والرقابة على التسلح، ونظرية الفعل والاستجابة، ونظرية الاتصال الاجتماعي، وهي على الجملة موضوعات تدعو إلى التعاون ونبذ موضوعات القوه والدعوة إلى الصراع.

كما وأن مرحلة السبعينيات شهدت هي الأخرى خطوات متسارعة في ميدان الدراسات المعينة بالعلاقات الدولية بتناولها موضوعات أخرى جديدة مضافة، كموضوع حقوق الإنسان ومركز الفرد في العلاقات الدولية، وتعاظم دور المنظمات الدولية وغير الحكومية، وأبعاد الثورة العلمية والتكنولوجية، ومسألة الحوار بين الشمال والجنوب، وظاهرة العولمة وانعكاساتها العالمية - وعلى هذا- فإن تقنيات وآلية البحث في العلاقات الدولية كانت قد شهدت تحولات نوعية وصفها البعض بـ (الثورية) في إطار الروابط والعلاقات بين وحدات المجتمع الدولي مما استوجب إعادة قراءة هذه المادة، مادة العلاقات الدولية، بموضوعات مضافة وبطريقة مغايرة للطريقة الكلاسيكية التقليدية.

الفصل الثاني

التعريف بموضوع العلاقات الدولية

هناك العديد من المساهمات الفكرية تقدم بها كتَّاب وباحثون بقصد تحديد موضوع العلاقات الدولية من خلال تقديم تعريف محدد لها. لقد ذهب (ولتر شارب)، إلى القول، إن العلاقات الدولية تعنى بتلك القوى الأساسية الأكثر تأثيراً في السياسة الخارجية. وذهب (هانز موركنثاو) إلى القول أن جوهر العلاقات الدولية هو الصراع من أجل القوه بين الدول ذات السيادة. ويرى (الفريد زيمرن) أن دراسة العلاقات الدولية (تمتد من العلوم الطبيعية من جهة، إلى الفلسفة الأخلاقية من جهة ثانية .. وأن هذا الحقل من الدراسة هو مجموعة من المواضيع ينظر إليها من زاوية مشتركة). أما (جيمس برايس) فقد عرف العلاقات الدولية بأنها تلك التي تعنى بالعلاقات بين الدول والشعوب المختلفة، أما (ديمون آرون) فقد عرفها بأنها العلاقات ما بين الأمم، والعلاقات ما بين الوحدات السياسية المختلفة. ويؤكد (ستانلي هوفمان) على أن العلاقات الدولية (تدرس العوامل والنشاطات التي تؤثر على السياسة الخارجية وعلى سلطة الوحدات الرئسية المكونة للعالم). أما (كارل دويتش) فقد عرفها بـ (العلاقات غير محددة الهوية القائمة عبر حدود مختلف الوحدات السياسية). دانيال كولار يرى أن العلاقات الدولية (تضم العلاقات السلمية والعدوانية بين الدول ودور المنظمات الدولية وتأثير القوى الوطنية ومجموع المبادلات والنشاطات التي تخترق الحدود الدولية (2) .

التعاريف التي تقدمنا بذكرها توضح لنا جملة حقائق:

1. أن العلاقات الدولية هي أنماط من النشاطات تقدم عليها، وتقوم بها، وحدات دولية في مواجهة بعضها البعض الآخر.

2. أن هذه الأنماط من النشاطات هي ذات طبيعة اتصالية تؤسس شبكة من العلاقات المعقدة بين الدول.

3. وأن هذه الأنماط من النشاطات والاتصالات ميدانها البيئة الخارجية، أي أنها تتم خارج الحدود الإقليمية للدولة. ومن هذه الخاصية جاء توصيف هذه العلاقات بأنها دولية.

4. لا تقتصر النشاطات والروابط الاتصالية على الدول فقط، ذلك أن المجتمع الدولي يضم كيانات ووحدات دولية مضافة إلى الدولة، كالمنظمات الدولية والإقليمية، والشركات المتعددة الجنسية والمنظمات غير الحكومية، وجميعها تسهم بالإضافة إلى الدول، في صياغة وتشكيل هذه الشبكة المعقدة من التفاعلات الدولية.

وبالعودة إلى تعريف العلاقات الدولية، ومن خلال استقراء التعاريف السابق ذكرها، يبدو لنا أن مفردة العلاقات الدولية تنطوي، من الناحية الاصطلاحية، على معنى مركب، علاقات ودولية. ويراد بكلمة علاقات الإشارة إلى مجموعة الروابط والاتصالات التي تنشأ بين فرد وآخر، أو بين فرد ومجموعة أفراد، أو بين مجموعتين أو أكثر من الأفراد، أو بين مؤسسة وأخرى، أو بين دولة وأخرى، أو بين دولة ومجموعة دول، أو بين مجموعتين أو أكثر من الدول .. إلخ.

أما كلمة دولية فهي تستخدم حصراً للدلالة على خصوصية هذه الرابطة/ الروابط، والجهة التي تختص بها وهي وحدات النظام الدولي. وعلى هذا فإن مفردة العلاقات الدولية تؤشر لنا تلك الأنماط من الروابط التي تجمع، وفي مرحلة تاريخية معينة، بين وحدات المجتمع الدولي.

وهنا لا بد من الإشارة إلى أنه من غير الصواب استخدام مصطلح العلاقات السياسة الدولية، ذلك أن استخدام هذا المصطلح يحدد العلاقات ببعد واحد هو البعد السياسي، في حين أن هذه العلاقات والروابط تنطوي على أبعاد ومضامين متعددة، قد تكون اقتصادية، أو عسكرية،أو ثقافية، أو سياسية فهي، إذن، أي هذه العلاقات والروابط، متنوعة في أغراضها وأهدافها والغايات التى تسعى إلى تحقيقها.

هذا من ناحية، ومن ناحية أخرى، وكما سبقت الإشارة، أن هذه العلاقات، وبسبب تنوعها وتعددها، فهي معقدة ومتشابكة ومتداخلة، ليس في مضامينها، إنما بتعدد أطرافها بسبب طبيعة التوازنات السائدة والمصالح المتباينة والاستراتيجيات المتناقضة في مرحلة من المراحل، لقوى متفاوتة في مصادر قوتها وخصائص وطبيعة نفوذها.

وهكذا، وفي ضوء كل ما تقدم، يمكن أن نقترب من المعنى الذي تنطوي عليه مفردة العلاقات الدولية بالقول، إن العلاقات الدولية هي مجموعة الروابط المتعددة في أغراضها والمتنوعة في مضامينها والتي يمكن رصدها، في مرحلة تاريخية معينة، بين الوحدات والعناصر التي يتشكل منها النظام الدولي. ونحن هنا نستخدم مفردة النظام الدولي ذلك أننا نرى فيه، وكما سنعالج ذلك لاحقاً، الإطار الذي تنتظم ضمن حدوده وحدات دولية، تدخل مع بعضها، وبسبب وجودها في شبكة معقدة من التفاعلات الضرورية لأدامة بقائها وتحقيقاً لغايات وجودها.

وهنا تجدر الإشارة إلى أن مصطلح العلاقات الدولية غالباً ما يتداخل مع مسميات أخرى ويفسر بدلالتها، كالسياسة الخارجية والدبلوماسية، والسياسة الدولية، والقانون الدولي.

1. السياسة الخارجية والعلاقات الدولية:

غالباً ما يحصل نوع من التداخل بين موضوع السياسة الخارجية

والعلاقات الدولية، اذ ينصرف كلاهما إلى البيئة الخارجية ويتعامل ويتفاعل مع وحداتها وعناصرها، وبالتالي يصعب التمييز بينهما، إذ إن كلاً منهما (السياسة الخارجية والعلاقات الدولية) يفسر بدلالة الآخر، مما يوحي أن السياسة الخارجية ما هي الا علاقات دولية، وأن العلاقات الدولية هي في واقعها سياسة خارجية.

إلا أن الواقع يؤشر عكس ذلك، فالتمييز بين السياسة الخارجية والعلاقات الدولية يبدو واضحاً إذا ما حددنا موضوع كل منهما. صحيح أن البيئة الخارجية تمثل القاسم المشترك لكل منهما، إلا أن الآلية التي تعمل بها السياسة الخارجية تختلف عن تلك التي تعمل بها العلاقات الدولية.

في الواقع، أن هذا التمييز لا يمكن إدراكه إلا إذا بدأنا بتعريف كل من السياسة الخارجية والعلاقات الدولية. فالسياسة الخارجية هي نشاط سلوكي مرتبط بهدف ومقترن بقدرة تأثيرية تتخذه وحده دولية نظامية في مواجهة غيرها من وحدات النظام الدولي. هذا يعني، ومن الناحيتين المنهجية والتحليلية، أن السياسة الخارجية هي مجموعة أفعال وتحركات تتخذها وحدة دولية كشكل من أشكال التفاعل النظامي المعبر عنه بسلوك سياسي.

بمعنى أن السياسة الخارجية هي سلوك، أو مجموعة سلوكات، يكون مصدرها الدولة، وهذا السلوك يوصف بأنه خارجي كونه موجه إلى الغير من وحدات النظام الدولي، وبالتالي فإن مجال حركة هذا السلوك هو البيئة الخارجية.

وحتى لا يكون تحديدنا لمعنى السياسة الخارجية مجرداً من مضمونه المدرك لجهة من يمارس هذا النشاط نقول، إن السياسة الخارجية بوصفها نمطاً سلوكياً صادراً عن وحده دولية وموجهاً إلى بيئتها الخارجية فإنها، أي السياسة الخارجية، تقترن بصناع القرار. فالفعل السياسي الخارجي يبقى غامضاً وخالياً من أي مضمون ما لم يدرك بدلالة مرجعيته، أي بحقيقة

مصدره. وبما أن الدولة، وبالتالي سلوكها السياسي الخارجي، لا تدرك إلا من خلال صناع القرار فيها، فإن نشاطها الخارجي، أو حركتها الخارجية، هي في الواقع تعبير عن حركة صناع القرار في تلك الدولة ومن خلال قرارات يتخذونها.

وعلى هذا، تكون السياسة الخارجية نشاطاً صادراً عن السلطة السياسية داخل الدولة، أو الوحدة القرارية التي تأتي في قمة الهرم السياسي فيها. بمعنى أن هذا النشاط تختص به فئة محدودة، قد تكون فرداً أو مجموعة أفراد، وهؤلاء مُخولون من الناحيتين السياسية والدستورية لاتخاذ قرارات ترسم حركة الدولة وتحدد مساراتها على الصعيد الخارجي.

وفي ضوء ما تقدم، يمكن تعريف السياسة الخارجية بأنها سلوك سياسي خارجي، هادف ومؤثر، وموجه إلى الغير من وحدات النظام الدولي. أما العلاقات الدولية فيمكن تعريفها، كما سبقت الإشارة، بأنها مجموعة الروابط السياسة والاقتصادية والاجتماعية والثقافية ... إلخ. التي تنشأ بين الوحدات الدولية وتؤسس علاقات فيما بينها قد تكون تعاونية أو تصارعية، وذلك بقدر اقتراب أهداف ومصالح هذه الوحدات من بعضها أو ابتعادها واختلافها عن غيرها. هذا يعني، أن السياسة الخارجية، بمعنى السلوك هي التي تؤسس للعلاقات الدولية. وتنشئ الروابط. فلو أخذنا على سبيل المثال السياسة بين وحدتين دوليتين هما (أ) و (ب) فإن الفعل السياسي الخارجي لـ (أ) حيال (ب) هو الذي يؤسس أولاً لوجود علاقة بين (أ) و (ب).

وعليه، إذا أردات دولة ما أن تقيم علاقة مع دولة أخرى فإن هذه العلاقة يسبقها قرار سياسي يترجم بعد ذلك إلى سلوك خارجي لتنشأ فيما بعد علاقة بين هذه الدولة وغيرها. فالسياسة الخارجية هي الفعل المؤسس للعلاقات الدولية، وبجملة واحدة، إذا كانت السياسة الخارجية هي سلوك خارجي، فإن العلاقات الدولية هي نتيجة مترتبة على هذا السلوك.

2- الدبلوماسية والعلاقات الدولية:

بدءاً يمكن القول إن الدبلوماسية نشاط يقوم به أشخاص رسميون معينون من قبل الدولة ومخولون للعمل بأسمها لإدارة علاقاتها مع غيرها من الوحدات الدولية الأخرى. وهذا النشاط يهدف إلى تطوير سبل التعاون والعمل على تنميته وحل المشكلات التي تعترض سبيله.

بعبارة أخرى، إن الدبلوماسية هي نشاط سياسي ميدانه البيئة الخارجية للدولة ويختص بكل ما تنطوي عليه علاقاتها مع غيرها من وحدات المجتمع الدولي. وأن هذا النشاط يرتبط بهدف محدد وغاية ثابتة سواء كان ذلك في أوقات السلم، أو في أوقات الحرب.

وإذا سلمنا أن السياسة الخارجية هي سلوك سياسي خارجي يؤسس لأقامة علاقات بين وحدتين دوليتين أو أكثر فإن الدبلوماسية هنا تعّد من بين أهم الأدوات والوسائل المعتمدة في تنفيذ أهدافها، أي أهداف السياسة الخارجية للدولة، بل تأتي في مقدمتها، فالدولة تنشد هذه الوسيلة لإقامة علاقات مع غيرها من وحدات المجتمع الدولي، وفي مجالات عديدة تعود بالفائدة عليها(4).

وإذا أردنا أن نحدد ما الذي يراد بالدبلوماسية فأنه يمكن القول، إنها صيغة في العمل السياسي الخارجي توضح الكيفية التي تدار بها العلاقات الدولية عن طريق المفاوضه وبواسطة سفراء الدولة ومبعوثيها بهدف تنظيم هذه العلاقات والعمل على تطويرها، وحل ما يعترضها من مشاكل تعيق غاياتها والأهداف المطلوب تأمينها(5) وعلى هذا، تعني الدبلوماسية، وفي مقدمة ما تعنيه، فن التفاوض، أو فن إدارة العلاقات الدولية.

وتأسيساً على ما تقدم، تعّد الدبلوماسية أداة لا يمكن إغفال أهمية الدور الذي تضطلع به في ميدان العلاقات الدولية، وإلى الحد الذي يمكن القول فيه إنه لا علاقات دولية بدون أدوات في العمل الدبلوماسي، أو بدون الدبلوماسية، ومهما كانت طبيعة هذه العلاقات، تعاونية أو تصارعية.

وبهذا، تكون الدبلوماسية بمثابة القاسم المشترك بين السياسة الخارجية والعلاقات الدولية، فكلتاهما لا يمكن أن يستغني عنها. ففي السياسة الخارجية تكون الدبلوماسية إحدى أهم أدوات تنفيذ وتحقيق أهدافها، وفي العلاقات الدولية تكون أيضاً أهم أداة لإدامة العلاقات بين وحدات المجتمع الدولي والعمل على تطويرها وحل ما يمكن أن يعترضها من مشكلات. وحتى في أوقات الحرب، عندما تلجأ الدول إلى استخدام ادوات العنف المنظم، أي الأدوات العسكرية، تكون مهمة الدبلوماسية إقامة تحالفات مضادة، أو العمل على تقريب وجهات نظر الأطراف المتحاربة بهدف الوصول إلى حلول متفق عليها تنتهي حالة الصراع العسكري.

3- العلاقات الدولية والسياسة الدولية:

السياسة الدولية هي نتاج التفاعل السلوكي الصادر عن الوحدات التي يتشكل منها النظام الدولي. فالوحدات الدولية تقدم على أنماط سلوكية يقود التفاعل بينها إلى تشكيل ما يعرف بالسياسة الدولية. بهذا المعنى، تجسد السياسة الدولية حصيلة تفاعل السلوك السياسي الخارجي للوحدات الدولية، أو هي نتاج أفعال سياسية تأتي عليها الوحدات الدولية في كل مالة من علاقة بوجودها واستمرارها وتحقيقاً لأهدافها ومصالحها، وربما شؤون وقضايا أخرى تهم المجتمع الدولي بكل مكوناته.. وبالتالي فهي، أي السياسة الدولية، تعبر عن أنماط من الأفعال أو السياسات تقدم عليها هذه الوحدات مؤسسة لنماذج متعددة ومتنوعة من العلاقات فيما بينها، تجمع بين الخصائص التصارعية والتعاونية. أما العلاقات الدولية فهي، وكما أشرنا ، تمثل جملة الروابط والنشاطات الاتصالية الناجمة عن سلوكيات الوحدات الدولية.

وعليه، إذا كانت السياسة الدولية هي انعكاس لسلوكيات دولية، أو أنها تجسيد لها، فإن العلاقات الدولية هي روابط تنشأ بفعلها وبسبب منها. وإذا كانت الأفعال السلوكية الصادرة عن الوحدات الدولية هي نتاج قرارات سياسية تتخذها هذه الوحدات بما يضمن تحقيق أهدافها ويضمن مصالحها، فإن العلاقات الدولية تمثل الواقع الذي تترجم فيه هذه القرارات لتنشأ بعد ذلك علاقة من نوع معين.

4- القانون الدولي والعلاقات الدولية:

يمكن تعريف القانون الدولي، وعلى نحو مبسط، بأنه مجموعة القواعد القانونية، الوضعية والعرفية، المعنية بتنظيم العلاقات بين الوحدات الدولية المخاطبين بها في أوقات السلم والحرب. وعليه، إذا كانت العلاقات الدولية تهتم بالروابط القائمة بين وحدات النظام الدولي، وتعمل على دراستها وتفسيرها وتحليلها، فإن القانون الدولي ينصرف اختصاصه إلى تكييف هذه العلاقات تكيفاً قانونياً. فعلى سبيل المثال، يهتم القانون الدولي بالوضع القانوني للاتفاقات والمعاهدات الدولية من حيث طبيعتها القانونية، وما يترتب على أطرافها من التزامات وجزاءات في حال مخالفتها أو الإخلال بها، أو في حال تعديلها أو تجديدها أو إنهائها، أو الانسحاب منها. كذلك يهتم القانون الدولي بسلوك الدول وعلاقاتها مع بعضها وما يترتب عليها من مسؤولية دولية، عندما يكون الفعل أو السلوك غير مشروع من الناحية القانونية. ففي أوقات السلم تنظم قواعد القانون الدولي العلاقات بين الدول بما يضمن سلامة هذه العلاقات ودوامها ودعم ركائزها.

أما في أوقات الحرب، فإن القواعد القانونية تعنى بالتكييف القانوني لموضوع الحرب من حيث تفنيد شرعيتها، أو عدم شرعيتها وما يترتب عليها من آثار قانونية بالنسبة لأطرافها المتحاربة. كما ينظم القانون الدولي كيفية تسوية المنازعات الدولية كشكل من أشكال العلاقات بين الدول عندما يكون بينها مشكلات وقضايا خلافية متنازع عليها، وذلك بتحديد السبل والوسائل المطلوبة لمعالجتها كالوساطة والتحكيم والمساعي الحميدة والتسوية القضائية.

وعلى هذا، يبدو أن الفارق بين العلاقات الدولية والقانون الدولي، رغم الصلة الوثيقة بينهما، هو أن الأولى، أي العلاقات الدولية، تهتم (بما هو قائم) ، أي بالسياسات والصيغ الإجرائية التي تسهم في رسم الأحداث والوقائع الدولية لتشكل فيما بعد مادة أساسية لأقامة أو ترتيب العلاقات بين الدول. في حين أن القانون الدولي يهتم (بما ينبغي أن يكون)، أي بالصيغ

التنظيمية للقواعد القانونية التي يفترض أن تكون السياسات الإجرائية متوافقة معها ومنضبطة بأحكامها. فالعلاقات الدولية تنصرف إلى عالم الأحداث والوقائع السياسية، في حين يكون ميدان القانون الدولي الأحكام والقواعد القانونية التي تتطلع إلى ضبط أحداث العالم الواقعي.

وهنا تكمن الإشكالية بين ما هو قائم، وما ينبغي أن يكون. ففي الكثير من الأحيان تلعب المصالح القومية ومقتضيات السياسة العليا، وخصوصاً بالنسبة للقوى العظمى أو الكبرى، دوراً في تكييف القواعد القانونية الدولية بما يتفق مع أغراض هذه القـــوى ويعمل على تحقيق أهدافهـا لنكــون أمـام منطق مغاير هو منطق الاحتكام إلى قانون القوة أكثر من الاحتكام إلى منطق قوة القانون.

الفصل الثالث

الإطار البنيوي للعلاقات الدولية

يتحدد الإطار البنيوي للعلاقات الدولية بالنظام الدولي الذي يمثل الوسط أو البيئة التي تتواجد فيها وتتفاعل ضمن حدودها الوحدات الدولية. بمعنى أن كل النشاطات والروابط والعلاقات التي تنشأ بين الوحدات الدولية تحدث في وسط نظامي يقصد به النظام الدولي. وبهذا يكون النظام الدولي هو الإطار، أو الحاضنة التي تنتظم فيها تلك الوحدات، وما ينجم عنها من تفاعلات، وتنشأ، بسبب وجودها، علاقات قد تأخذ أنماطاً تصارعية أو تعاونية أو الاثنين معاً.

فالنظام الدولي، وكما سنرى، هو بنية هيكلية قوامها الوحدات الدولية. ويتحدد شكل هذه البنية وطبيعة هويتها من خلال دينامية التفاعل والروابط القائمة بين تلك الوحدات. وعليه، لا يخرج النظام الدولي عن كونه نتاج لأنماط من التفاعلات يمكن رصدها بين العديد من الوحدات السياسية التي يتشكل منها، أو أنه يجسد تلك الأنماط السلوكية الناجمة عن عملية التفاعل بين تلك الوحدات.

إن عملية التفاعل هذه، والتي يكون محورها الوحدات الدولية، تجسد في الواقع الشكل البنيوي للنظام الدولي، أو تحدد بنيته الهيكلية. بمعنى أن بنية النظام الدولي هي محصلة لوجود وحداته، وللتفاعل السلوكي القائم بينها، والذي غالباً ما يكون محكوماً بالكيفية التي يتم بها توزيع مصادر القوة

والنفوذ، وما يمكن أن يترتب عليها من تأثير في صياغة أنماط السلوك الدولي أو طبيعة العلاقات الدولية.

من هنا، ونحن ندرس العلاقات الدولية، فإننا، في الواقع، ندرسها من خلال هذا الإطار النظامي الذي تنشأ فيه، وهو النظام الدولي، وحقيقة وطبيعة القوى الفاعلة والمؤثرة فيه. وعليه، سنبدأ بتحديد المعنى الذي ينصرف إليه مفهوم النظام الدولي.

عرف الأدب السياسي المعني بعلم العلاقات الدولية محاولات عدة للتعريف بالنظام السياسي الدولي. فقد عرفه (موريس ايست) بأنه يمثل (أنماطاً من التفاعلات والعلاقات بين الفواعل السياسية ذات الطبيعة الأرضية (الدول) التي تتواجد خلال وقت محدد(5) وركز (كنيث بولدنغ) في تعريفه للنظام الدولي على الأبعاد السلوكية الناجمة عن عملية التفاعل بين وحدات سياسية، فهو من وجهة نظره (مجموعة من الوحدات السلوكية المتفاعلة التي تسمى أمماً أو دولاً والتي يضاف إليها أحياناً بعض المنظمات فوق القومية كالأمم المتحدة، ويمكن أن توصف كل وحدة من هذه الوحدات السلوكية بأنها مجموعة من المتغيرات التي يفترض وجودها علاقات معينة فيما بينها)(6). كما عرفه (هولستي) بوصفه (تجمعاً يضم هويات سياسية مستقلة، قبائل، مدناً، دولاً، أمماً، أو امبراطوريات، تتفاعل فيما بينها بتواتر معقول ووفقاً لعمليات منتظمة) (7).

أما (مورتن كابلان) فقد وصف النظام الدولي بوصفه (مجموعة المتغيرات المترابطة فيما بينها والمتميزة عن محيطها، وتستند هذه المتغيرات على قواعد سلوكية تميز العلاقات القائمة على مجموعة من المتغيرات الفردية عن تجمع المتغيرات الخارجية) (8).

جمله التعاريف التي تقدمنا بذكرها تصف النظام الدولي وتعرفه بوصفه نظام حركة (System of Action)، تفسر في إطاره كافة أحداث العلاقات

الدولية، وتنتظم فيه وحدات كيانية تدخل مع بعضها في عملية متصلة ومستمرة من التفاعلات بصيغة الفعل والاستجابة. فالنظام يجسد أولاً وقبل كل شيء نسقاً من التفاعلات أو العلاقات المتصفة بالوضوح والاستمرارية بين عناصر عدة تكوّن بمجموعها بنية النظام وهيكليته.

ومن هنا يمكن أن نقترب من التوصيف الذي ذهب إليه كل من (مورتن كابلان) و (ديفيداستن). فالنظام بالنسبه لمورتن كابلان هو نظام حركة يعمل وفق آلية الفعل (Action) ورد الفعل (Reaction) أما (دايفداستن) فقد اعتبر النظام هيكلاً مفتوحاً (Open) لاستقبال مدخلات (Inputs) من المحيط الخارجي أو البيئة الخارجية، وتميل المدخلات إلى خلق حالة من التوازن بينها وبين العناصر البنائية داخل النظام، وعملية التفاعل بين المدخلات والعناصر البنائية داخل النظام يسفر عنها إفراز لعناصر أو متغيرات تعرف بالمخرجات (Outputs) ترتب نتائج محددة على الوحدات التي يتشكل منها النظام من ناحية، وعلى الإطار الذي تنتظم فيه من ناحية أخرى.

من ناحية أخرى، وهو ما تجدر الإشارة إليه، إذا كان النظام يمثل واقعة مادية مدركة ومعاشه فهو بهذا المعنى لا يقترن من حيث وجوده بحاله الثبات والاستقرار. فمن ناحية، لا يعيش النظام حالة ثبات وسكون، بل إن صفته الأساسية هي الحركة والاستمرارية، أي أن النظام لا يمثل حالة ستاتيكية ثابتة ومستقرة، بل هو يجسد حالة ديناميه متحركة ومستمرة. وبهذا يصف (جيمس دوجرتي) النظام بأنه (كيان ذو طبيعة قابلة للتغيير المستمر)(9).

ومن جانب آخر، لا يفترض أن يكون الاستقرار شرطاً لوجود النظام. فالنظام يوجد بغض النظر عمّا إذا كان مستقراً أو غير مستقر. إن الاستقرارية أو اللا استقرارية تصف حالة النظام لكنها لا تدخل بوصفها عاملاً تقريرياً في تحديد وجوده أو عدمه. فالنظام يكون مستقراً عندما تدرك وحداته ضرورة تجنب كل ما يمكن أن يفسد عليه اللاستقرارية. أما

اللاإستقرارية، فهي حالة تعود بجملتها إلى غياب قدر من الانضباط في الأداء السلوكي لوحداته، ذلك الأداء الذي تقف من ورائه دوافع وحوافز تؤدي إلى الاخلال باستقرارية النظام.

وفي ضوء ما تقدم، يمكن تعريف النظام الدولي بأنه إطار تنتظم فيه وحدات دولية تدخل في معظمها في عملية تفاعل هادفة ومستمرة، يترتب عليها نتائج، سلبية كانت أم إيجابية، مؤثرة فيها على الوحدات المنتظمة في إطاره من ناحية، أو على الإطار الذي تنتظم فيه هذه الوحدات من ناحية أخرى.

وعليه، ووفق هذا التعريف، فإن النظام الدولي يعني أمرين:

أولاً: نمط، أو أنماط سائدة من التفاعلات والعلاقات بين الوحدات المختلفة المكونة لبنائه.

ثانياً: أن هذه التفاعلات تعكس علاقات تأثير وتأثر كل وحدة من وحدات النظام ببقية الوحدات الأخرى من ناحية، وعلى النظام ذاته من ناحية أخرى.

أحد العناصر التي يتشكل منها التعريف يؤشر لنا، أن النظام الدولي يشتمل على قوى فاعلة (Actors) تسمى وحدات النظام (Unit) وهذه الوحدات هي التي تعطي للنظام صفة الدينامية من خلال التفاعل القائم بينها.

العنصر الثاني الذي يتضمنه التعريف يتحدد بموضوعه التفاعل (Interaction) فإذا كان النظام الدولي لا يمثل هيكلاً بنيوياً مفرغاً، بل يضم العديد من الوحدات الدولية، فإن هذا الواقع يفرض حتمية التفاعل فيما بينها، أي بين هذه الوحدات، في صورة نماذج سلوكية. ذلك أن وحدات النظام الدولي لا تعيش بشكل مجرد، أو بمعزل عن بعضها البعض، بل إن حتمية وجودها تفرض أن تقيم تعاملات واتصالات وتدخل في أنماط متعددة من

التفاعلات لتحقيق أهدافها السياسية، وتأمين متطلبات رفاهيتها الاقتصادية والاجتماعية، لتنشئ بعد ذلك علاقات فيما بينها.

عملية التفاعل هذه قد تأخذ شكلاً تعاونياً (سلوك تعاوني) يتمثل بالاتصالات والتعاملات التجارية والثقافية والنشاطات الاقتصادية التعاونية، والنشاطات السياسية والدبلوماسية ..الخ ومثل هذه النشاطات تنمي الروابط والعلاقات بين الوحدات وتعمل على توثيق سبل التعاون فيما بينها.

كما وأن عملية التفاعل قد تأخذ شكلاً تصارعياً (سلوك تصارعي)، عندما تكون الأهداف متعارضة والمصالح متضاربة، وتجسده حالات عدة كالتوتر، والتهديد باللجوء إلى العنف المنظم، أو بالاستخدام الفعلي للقوه العسكرية.

وعموماًًً، فإن التفاعلات بين وحدات النظام الدولي تجري وفقاً لمجموعة من القواعد تتحكم في صياغتها وتحديد مضمونها. وهذه القواعد يمكن أن تكون محددة وواضحة، كما يمكن أن تكون ضمنية تتبلور في مدركات صناع القرار من خلال ما جرت عليه الاعراف وتقاليد التعامل الدولي.

العنصر الثالث الذي ينطوي عليه تعـريف النظـام الدولي يتمثل بالبيئة (Enviroment) وهي الوسط الذي تتحرك ضمن حدوده وحدات النظام الدولي وتضم أنماط التفاعلات القائمة فيما بينها، سواء أكانت بصيغة تعاونية، أو تصارعية، أو الاثنين معاً (تعاون وصارع). فالوسط الدولي، أو البيئة الدولية تشتمل على كافة التعاملات والعوامل المحددة التي تميز العلاقات الدولية، والتي تحتم على النظام، من خلال وحداته، التفاعل معها والتكيف مع ظروفها.

إضافة إلى العناصر الثلاثة (الوحدات، التفاعل، البيئة) هناك عنصر آخر يتضمنه التعريف وهو يتمثل بالهيكل (Structure)، ونقصد بالهيكل، ذلك الشكل التراتبيي الذي تتخذه وحدات النظام الدولي في ضوء الكيفية التي

تتوزع بها مصادر القوة والنفوذ. وهيكل النظام الدولي يقتضي تحديد ودراسة طبيعة أقطاب القوة داخلة (Polars).

كذلك تحديد القوى الكبرى وطبيعة وأساليب التفاعل فيما بينها. أنه يستلزم، وبمعنى آخر، تحديد الفواعل أو الوحدات الرئيسة وطبيعة التوازنات وتوزيع الموارد فيما بينها. فالهيكلية تحدد لنا الشكل البنيوي للنظام الدولي فيما إذا كان متعدد الأقطاب أو ثنائي القطبية، أو ذا قطبية أحادية (11).

وإذا كان النظام الدولي يمثل هيكلاً بنيوياً يضم وحدات سياسية تدخل مع بعضها في شبكة معقدة ومتداخلة من التفاعلات المتعددة الأغراض والمقاصد، فإن هذا النظام يمكن أن تشتق منه، أو تتفرع عنه أنظمة أخرى متعددة تعرف بالأنظمة الفرعية (Sub-System)، وهي الدول أعضاء النظام التي يشكل كل منها نظاماً قائماً ومتفاعلاً مع غيره على نحو متسق ومستمر.

وعلى هذا، يندرج تحت النظام الدولي أنظمة فرعية تتشكل على أساس إقليمي، وتتحدد خصائصها في ضوء التفاعلات السياسية والاقتصادية والاجتماعية التي تحدث بين وحدات متقاربة جغرافياً وتربطها أهداف ومصالح مشتركة، كدول الاتحاد الأوروبي، ونظام الشرق الأوسط، والنظام الإقليمي العربي.

ويعرض الفكر المعني بالنظم الإقليمية أداه قياس معيارية يمكن اعتمادها للتعريف بها وتحديد ماهيتها والعناصر التي تميزها عن الأنظمة الإقليمية الأخرى. وهذه الأداة تتحدد بمعيار التقارب الجغرافي (Geographic Proximity) فالنظام الإقليمي يختص بمنطقة جغرافية تقع ضمن حدودها وحدات سياسية غالباً ما تكون على درجة من التماثل أو التقارب، وربما التجانس في نواح عدة (ثقافية، اجتماعية، فكرية ..الخ). وبهذا يتيح المتغير المكاني للدول المتقاربة جغرافياً هامشاً واسعاً لأن تدخل مع بعضها في شبكة معقدة من التفاعلات السياسية والاقتصادية والاجتماعية والثقافية الخاصة بها. بعبارة

اخرى يمكن القول، إن الحيز الجغرافي يتيح إمكانية إقامة علاقات إقليمية أكبر حجماً وأكثر كثافة من تلك التي تحدث بين دول متباعدة وغير متجاورة، وهذا ما يجعلها تشكل نظاماً إقليمياً متفرعاً بغض النظر عن هويتها السياسية وفلسفتها الاقتصادية والاجتماعية(12).

وعلى الرغم من أن النظام الدولي، وكما سبقت الإشارة، يضم وحدات سياسية هي الدول، ثمة اتجاه آخر في الرأي يذهب ، وهو على صواب، إلى اعتبار النظام الدولي هو أكثر تعقيداً واتساعاً من أن نجعله مقتصراً على الدول فقط وما يمكن أن يتمخض عن وجودها من تفاعلات ذات أنماط متعددة. هذا الاتجاه يؤكد على الدور الذي تلعبه الوحدات الدولية الجديدة، كالمنظمات الدولية الرسمية وغير الرسمية، والشركات المتعددة الجنسيه، إذ أنها جميعاً تمثل وحدات دولية لا يمكن اغفال أثرها عند أي محاولة لتحليل السلوك الدولي(13).

من هنا، يرى أنصار هذا الرأي أن النظام الدولي لم يعد محدداً باعتبارات دولية تقليدية بقدر ما اكتسب صفة العالمية، إذ أصبح يمثل مجتمعاً من الدول مضاف إليها وحدات أخرى تتفاعل فيما بينها، وعلى مستوى عال، في مجالات متنوعة، سياسية، واقتصادية، واجتماعية .. إلخ.

وفي الواقع، فإنه على الرغم من صحة ما ذهب إليه هذا الاتجاه في التحليل، ما زال الجدل يدور حول طبيعة الدور المؤثر الذي تلعبه الدولة بالقياس مع الدور الذي تضطلع به تلك الوحدات. فالدولة، ومن وجهة نظر العديد من دارسي العلاقات الدولية، لا تزال تمثل الوحدة الأساسية الفاعلة التي يتمحور حولها ويتمخض عنها أنماط متعددة من التفاعلات تحدد هيكل النظام الدولي والهوية التي يكتسبها. فنظام التعددية القطبية ونظام القطبية الثنائة، ونظام القطبية الأحادية تمثل نظماً دولية أرست أسسها وتحكمت في بناء هيكليتها الدول وليس منظمات أو مؤسسات أو شركات ذات صفة عالمية،

بل ويذهب أنصار هذا الرأي إلى اعتبار الوحدات الدولية من غير الدول ما هي إلا إمتداد لإرادات الدول القومية، أو أنها أجهزة ومكونات استحدثت بإرادة منشئة هي إرادة الدول الأعضاء في المجتمع الدولي بهدف إنجاز مهام محددة. وبالتالي تعد مسألة وجودها امتداداً لوجود الدولة التي تشكل وحدة التحليل الرئيسية في النظام الدولي.

إضافة إلى ما تقدم ، هناك اتجاه آخر يذهب إلى أن النظام الدولي يشهد سيادة تماثل السياسات الخارجية للدول الأعضاء فيه. فالسلوك الدولي يعكس محصلة تفاعل السياسات الخارجية لوحدات النظام الدولي، وهي ميزة تنفرد بها الدول دون سواها. وعلى هذا يذهب (ديفيد سنجر) إلى القول (إن النظام الدولي يفترض بشكل حتمي تقريباً درجة عالية من التماثل في الإطار العملي للسياسات الخارجية للفواعل القومية، ويسمح بمجال قليل من التنوع في سلوك الأجزاء عندما نركز على الكل)(14).

الفصل الرابع

أشخاص العلاقات الدولية

إن دراسة نظريات العلاقات الدولية تقتضي منا تحديد مفهوم الشخص الدولي. ونقصد بالشخص الدولي، أو الفاعل الدولي، كل سلطة أو هيئة أو تجمع مؤهل لأن يلعب دوراً ما على الساحة الدولية.

وعلى هذا، لا يمكن حصر دور أشخاص العلاقات الدولية على الدولة فقط، كما يذهب الفقه الدولي التقليدي، إنما يصطف إلى جانب الدول اشخاص أو قوى أو وحدات دولية تؤثر هي الأخرى في عمليات التفاعل الدولي، الأمر الذي يدفع بنا إلى التعرض لهذه الأشخاص أو الوحدات، أو الوقوف على حقيقة وطبيعة الدور الذي يمكن أن تقوم به في ميدان العلاقات الدولية.

أولاً: الدولة:

تعتبر الدولة الوحدة الرئيسة في صياغة الأنماط والمظاهر المتنوعة التي تتصف بها العلاقات الدولية. والدولة، بوصفها ظاهرة سياسية- اجتماعية، يمكن تعريفها بأنها كيان مؤسسي يقوم على حيز جغرافي، أو رقعة جغرافية محددة ومعلومة تقطنها مجموعة اجتماعية يرتبط اعضاؤها بروابط تاريخية ولغوية وحضارية وثقافية تمثل القاسم المشترك الذي يلتقون عنده. وهذه المجموعة الاجتماعية المتواجدة في أرض محدده أو أقليم معلوم تعيش في ظل سلطة تتمتع بالسيادة والشخصية القانونية الدولية.

فالدولة مؤسسة اجتماعية تختص بشعب وأقليم محدد، ولها سيادة تمنحها سلطة مطلقه في مجالها الإقليمي. والدوله بالمفهوم المعاصر هي مظهر رئيس للسياسة، إذ هي السلطة التي تتجه إليها وتدور حولها كل ولاءات المواطنين. وهي التعبير المؤسسي عن التضامن الوطني، فهي المسؤولة عن حماية وسلامة مواطنيها والدفاع عن كيانها الذاتي وأمنها القومي والتخطيط لأنماط من التنظيم الاجتماعي والاقتصـادي والسياسي والثقافي، كما تقـوم بـادارة مجمل العلاقات السياسية مع المجتمعات الأجنبية أو الوحدات الدولية الأخرى.

وعندما نتحدث عن الدولة، إنما نتحدث عن ثلاثة عناصر رئيسة يعًد وجودها وتوافرها شرطاً أساسياً لوجود الدولة وهي:

1- الشعب : وهو مجموعة من الأفراد يتواجدون في إقليم معلوم وتجمعهم روابط مشتركة كاللغة والعادات والتقاليد والتاريخ المشترك.

2- الإقليم: وهو عبارة عن رقعة معلومة ومحددة من اليابسة يقطنها مجموعة من الأفراد على سبيل الدوام والاستقرار، وتمارس عليها الدوله كامل سلطاتها. ولا يشترط في الإقليم أن يرتبط بمساحة محددة، كما لا يشترط فيه أن تكون أراضيه متصلة. إن الشرط الرئيسي في الإقليم هو وجود أرض متعارف عليها ومعترف بها بصورة رسمية.

وإذا كانت بعض الدول يتكون إقليمها من اليابسة، فهناك دول أخرى يكون إقليمها البري ملاصق للمياه، وهو ما يعرف بالأقليم البحري. والأقليم البحري هو ذلك الجزء من المياه الملاصق لأقليم الدولة البري، حيث يمتد عليه أيضاً سلطان الدولة ويخضع لسلطاتها. وقد اختلفت الدول فيما بينها في تحديد مساحة مياهها الإقليمية والتي تدخل ضمن سيادتها. فبعض الدول حددتها بـ (3) أميال بحرية، والبعض الآخر زاد من هذه المسافة لتصل إلى (12) ميلاً بحرياً.

وللدولة إقليم جوي، ويشمل الإقليم الجوي الفضاء الذي يعلو الإقليم الأرضي والبحر الإقليمي، وللدولة أن تمارس عليه سلطات كامله دون التقيد بارتفاع معين. وعلى أي حال ، فإن مباشرة الدولة لسلطاتها يتحدد بنطاق إقليمها أرضياً أو مائياً أو جوياً، ومن ثم يمتنع بالتالي على الدول الأخرى أن تتعدى على النطاق الإقليمي للدولة، وإلا عُد ذلك اعتداء على سيادتها.

3- السياده: وهي السلطة العليا المطلقة التي تملكها الدولة وتمارسها على شعبها ومجالها الإقليمي في البر والبحر والجو. والسيادة تتمثل بوجود سلطة تقوم بحماية مواطنيها والإشراف على أوضاعهم وتنظيم العلاقات فيما بينهم، كما تقوم بإدارة الإقليم وتنظيم استغلال موارده. وجميع هذه الوظائف والاختصاصات التي تمارسها السلطة تنظمها وتختص بها القوانين الدستورية الخاصة بكل دولة.

والسيادة، بمعنى السلطة العليا، تعَّد صفة رئيسة أو ركناً اساساً بالنسبة للدولة، فهي تعلو بها وتميزها عن باقي التنظيمات أو المجموعات الاجتماعية المتواجدة ضمن إقليمها كالقبيلة أو العشيرة أو الحزب السياسي . كما أن توافرها يعّد شرطاً ضرورياً حتى تستطيع الدولة أن تكتسب صفة الشخص الدولي في العلاقات الدولية حيث تنطبق عليها أحكام وقواعد القانون الدولي العام.

ومن خصائص السيادة وصفاتها، أنها تمثل وحدة واحدة لا تقبل التجزئة ولا يمكن التصرف بها أو التنازل عنها. وجاء في تعريف محكمة العدل الدولية للسيادة عام 1949 (أن السيادة هي بحكم الضرورة ولاية الدولة في حدود إقليمها ولاية إنفرادية ومطلقة، وأن احترام السيادة الإقليمية فيما بين الدول المستقلة يعد أساساً جوهرياً من أسس العلاقات الدولية) (15) وللسيادة مظهران، مظهر داخلي، أو السيادة الداخلية، ويراد بها سموها بالنسبة لأفراد المجتمع الخاضعين لها، ويتضمن ذلك الحرية التامة في اتخاذ القرارات ووضع القوانين والأنظمة والاحتكار الشرعي لأدوات القمع.

أما المظهر الخارجي، وهو ما يسمى بالسيادة الخارجية، فإنها تعني أن الدولة لا تقر سلطة فوق سلطتها ولا إرادة تعلو على إرادتها، فلا تقيدها في الميدان الدولي إلا العهود والاتفاقيات الدولية التي عقدتها بإرادتها معبرة بذلك عن سيادتها واستقلالها في أمرها. فالسيادة هي المعبر عن أعلى درجات السلطات في الدولة، وهي تأخذ المضمون الإيجابي داخلياً، والمضمون السلبي في العلاقات الدولية.

ومن هذا المنطلق فإن السيادة هي المعبَّر عن استقلال الدولة في علاقاتها مع غيرها من الوحدات الدولية. وهي أيضاً أساس المساواة بين الدول. وهذا ما أكدته الفقرة الأولى من المادة الثانية من ميثاق الأمم المتحدة حيث نصت (تقوم الهيئة على مبدأ المساواة في السيادة بين جميع أعضائها). هذا ويترتب على موضوع السيادة عدة مظاهر منها:

1. أن سلطات الدولة لا تخضع الا لقواعد ارتضت بها وشاركت في وضعها وقبولها من دون اكراه. ومثل هذا الخضوع لا يعني انتقاصاً من سيادة الدولة، إنما هو مظهر من مظاهر تجليها وتأكيد ذاتها، ذلك أنها قبلت بها بمحض إرادتها ويرضى منها وبما يتوافق مع مصالحها وتحقيق أهدافها.

2. احترام سيادة الدولة داخلياً وخارجياً من قبل الغير، وهذا المبدأ يقتضي احترامها من قبل باقي أعضاء المجتمع الدولي وعدم التدخل في شؤونها الداخلية أو تقيد حريتها في التصرف على الصعيد الخارجي وفي شؤون تخصها طالما لا يشكل ممارسة هذا الاختصاص خروجاً عن مقتضيات الشرعية الدولية ومبادئ القانون الدولي العام.

3. أن للدولة حق التصرف بمواردها الأولية وثرواتها الطبيعة بما يحقق ما تراه مناسباً لمصالحها القومية العليا، ويتوافق مع سياستها الداخلية وتعاملاتها الخارجية على أن لا يضّر هذا بمصالح الغير من أعضاء المجتمع الدولي.

نخلص مما تقدم، أن فكرة أو مفهوم السيادة تمنح الدولة جملة من الحقوق والمبادئ القانونية والسياسية والاقتصادية تشكل الأساس الذي ترتكز عليه علاقاتها مع بقية الدول الأخرى ومنها:

1. حق الوجود والبقاء: فالسيادة تمنح الدولة سلطة مطلقة للقيام بما تراه ضرورياً من أجل بنائها واستمرارها كوحدة دولية، سواء كان ذلك على الصعيد الداخلي أو على الصعيد الخارجي. فعلى الصعيد الداخلي يكون للدولة الحق المطلق في سن القوانين واتخاذ القرارات والقيام بإجراءات تعد ضرورية للحفاظ على وحدة شعبها وتطوره، كتنظيم الاقتصاد ومراقبة الهجرة ومكافحة الأمراض وقمع حركات التمرد وضمان تطبيق القوانين التي تسنها ومراقبة حدودها مع الدول الأخرى، ولها الحق، لضمان كل هذه المطالب وغيرها، في إنشاء الأجهزة الأمنية وبناء قواتها المسلحة لحفظ الأمن في الداخل والدفاع عن وجودها ضد أي خطر خارجي يهدد أمنها واستقرارها.

وعلى الصعيد الخارجي، يكون من حق الدولة أيضاً عقد المعاهدات والاتفاقات الدولية لتنظيم علاقاتها مع الدول الأخرى، كذلك المشاركة في اللقاءات والمؤتمرات الدولية. كما يحق للدولة استخدام قواتها المسلحة للدفاع عن نفسها استناداً إلى مبدأ حق الدفاع الشرعي عن النفس الذي جاءت به المادة 51 من ميثاق الأمم المتحدة إذ نصت على (أنه ليس في هذا الميثاق ما يضعف أو ينقص الحق الطبيعي للدول فرادى أو جماعات في الدفاع عن نفسها إذا اعتدت قوة مسلحة على أحد أعضاء الأمم المتحدة وذلك إلى أن يتخذ مجلس الأمن التدابير اللازمة لحفظ السلم والأمن الدولي).

2. حق الحرية والاستقلال: ومن خلاله تتمتع الدول بالسيادة فلم يضمن حقها في تعريف شؤونها الداخلية والخارجية بكل حرية ودون الخضوع لسلطات أية دولة أخرى. ومظهر استقلال الدولة هو الحرية في التعبير عن مركزها السياسي والاقتصادي والثقافي في العلاقات الدولية.

3. مبدأ المساواة في السيادة: وهذا يعني أن الدول جميعها متساوية في حقوقها وواجباتها وطريقة تعاملاته وعلاقات بعضها في مواجهة البعض الآخر ومن دون أي تمييز في المعايير العسكرية والجغرافية والديموغرافية وما إلى غير ذلك.

إلا أن الجدير بالذكر هو، أن حقيقة الواقع الدولي وطبيعة العلاقات الدولية القائمة بين الدول، وفي ضوء ما تملكه من إمكانيات وقدرات متفاوتة، فإنه كثيراً ما دفع إلى أن يبقى هذا المبدأ، وفي حالات عدة أقرب إلى الافتراض النظري منه إلى الواقع الحقيقي المعاش تجريبياً إذا ما تشهده العلاقات القائمة بين الدول تظهر حقيقة الدور الذي تلعبه الفروقات بين الدول الغنية والأخرى الفقيرة، أو ما بين الدول القوية والأخرى الضعيفة، الأمر الذي يعكس أن ما يسود العلاقات الدولية هو ما يمكن وصفه بغلبة قانون القوة على مبدأ قوة القانون.

إذ في الكثير من الحالات تعتمد الدولة القوية، وهي لا تتردد في ذلك، إلى تكييف القواعد القانونية بما يتوافق مع الضرورات التي تميلها مصالحها العليا، حتى وإن كان ذلك يتعارض مع مصالح الدول الأخرى الأمر الذي أتاح إمكانية الطعن بمقولة إن مبدأ السيادة بين الدول هو حاجز في كل الأوقات وفي جميع المناسبات.

4. مبدأ عدم التدخل في الشؤون الداخلية للدول: ويعتبر هذا المبدأ من بين أهم المبادئ في حماية استقلال الدولة والحفاظ على أمنها واستقرارها وسلامتها الإقليمية، كما أنه يعد من المبادئ المهمة في الحفاظ على السلم والأمن الدوليين. وبالنظر لأهمية هذا المبدأ فقد نصت عليه الفقرة 7 من المادة الثانية من ميثاق الأمم المتحدة، إذ جاء فيها (ليس في هذا الميثاق ما يسوغ للأمن أن تتدخل في الشؤون التي تكون من صحبة الاختصاص الداخلي لدولة ما...)، الأمر الذي يعني عدم التدخل في جميع الشؤون التي تدخل في صميم الاختصاص الداخلي للدولة، والامتناع عن فرض الضغوط العسكرية والسياسية والاقتصادية أو كل ما يضعف الدولة.

إلا أن الملاحظ أيضاً، أن هذا المبدأ أصبح مع الوقت وثيقة تبرر تدخل الولايات المتحدة الأمريكية في الشؤون الداخلية للعديد من دول العالم الثالث، الأمر الذي يطرح التساؤل حول جدية هذا المبدأ واحترامه مقابل زيادة التركيز على مبادئ حقوق الإنسان وحقوق الأقليات والاجتهادات الجديدة في تبرير ما أصبح يسمى بالتدخل الإنساني. وقد تميزت السنوات السابقة بصدور مجموعة من القرارات الدولية التي تبرر التدخل الإنساني (العراق، الصومال، البوسنة). وطرحت حرب كوسوفو في ربيع عام 1999 في (يوغسلافيا)، التي أدت إلى تعبئة قوات الحلف الأطلسي وإعلان الحرب على دولة مستقلة (يوغسلافيا) باسم التدخل الإنساني. كذلك الحرب الأمريكية على العراق عام 2003 تحت ذريعة وهمية مفادها امتلاك العراق لأسلحة الدمار الشامل، وهي حرب شنت دون أي سند قانوني دولي صادر عن مجلس الأمن بموجب الفصل السابع، كل ذلك طرح تساؤلات حول مستقبل احترام هذا المبدأ.

5. الامتناع عن استخدام القوة في العلاقات ما بين الدول: ويعد هذا المبدأ هو الآخر مهماً في ضمان احترام استقلال الدول، وهو يتماشى مع منطق مبدأ الأمن الجماعي الذي يهدف إلى حماية الدول من اعتداء غيرها عليها وذلك بتضامن وتظافر جهود المجموعة الدولية في الوقوف بوجه المعتدي. وبالنظر لأهمية هذا المبدأ فقد نصت عليه الفقرة 4 من المادة الثانية من ميثاق الأمم المتحدة (يمتنع أعضاء الهيئة جميعاً في علاقاتهم الدولية عن التهديد باستعمال القوة أو استخدامها ضد سلامة الأراضي والاستقلال السياسي لأية دولة أو على أي وجه آخر لا يتفق ومقاصد الأمم المتحدة).

وكما سبقت الإشارة، فإن هذا المبدأ يتفق مع منطق مبدأ الأمن الجماعي الذي تطور بعد الحرب العالمية الثانية. وقد تم إبراز العلاقات الفردية والتعاون بين الدول من خلال إعلان مبادئ القانون الدولي

المتعلقة بالعلاقات الودية والتعاون بين الدول وفقاً لميثاق الأمم المتحدة وفي مؤتمر التعاون والأمن في أوروبا في سياق تحسين الوفاق بين الشرق والغرب. لكن التطبيق العملي اصطدم بمضامين المادة 51 من شرعة الأمم المتحدة التي أكدت على الحق الطبيعي للدول، فرادى أو جماعات في الدفاع عن نفسها.

6. السيادة الدائمة على الثروات الطبيعية والنشاطات الاقتصادية: يقتضي هذا المبدأ أن تكون لكل دولة سيادة كاملة تمارسها بحرية على جميع ثرواتها ومواردها الطبيعية ونشاطاتها الاقتصادية، بما في ذلك امتلاكها واستخدامها والتصرف فيها .

كذلك لكل دولة الحق في تنظيم الاستثمارات الأجنبية ونشاطات الشركات عبر الوطنية الداخلة في نطاق ولايتها القومية. كما لها الحق في تأميم الممتلكات الأجنبية أو نزع أو نقل ملكيتها. وعليه، لم تعد تشكل مسائل التأميم أو نزع الملكية أي سند قانوني لإعلان الحرب كما حصل في مناطق عديدة مثل العدوان الثلاثي على مصر عام1956 من قبل بريطانيا وفرنسا والكيان الصهيوني بعد تأميم مصر لقناه السويس. كما شكلت هذه الحقوق والقواعد وسائل ضغط على الشركات الأجنبية للقبول بحلول تتفق مع مصالح الدول المعنية.

إن المبادئ التي تقدمنا بذكرها تمثل المرتكزات الرئيسة لمبدأ السيادة الذي جعل الدولة الفاعل الأكثر تأثيراً في العلاقات الدولية. إلا أن هذا المبدأ، مبدأ السيادة، أخذ يتعرض لتحديات جديدة منذ منتصف القرن الماضي، القرن العشرين، ومع بدايات تشكل ملامح ظاهرة العولمة المتمثلة بازدياد حركة المبادلات التجارية والمطالبة برفع الحواجز الكمركية وبرز تدويل رؤوس الأموال مع تزايد هيمنه القوى الاقتصادية عبر الوطنية، مثل الشركات العملاقة الأمريكية والأوروبية، على الميادين التجارية والنقدية والمالية، كذلك الثورة التكنومعلوماتية في مجال الاتصال وانتقال المعلومات وحرية سرعة

حركة انتقال السلع والبضائع والخدمات. هذا فضلاً عن انتقال الأفكار والثقافات والمعلومات مخترقة الحواجز والحدود بين الدول.

إن التحدي الحالي يبرز مع العولمة الاقتصادية وتحرير الأسواق والنمو السريع للمبادلات الدولية والثورة التقنية الجديدة في عالم الاتصال والمواصلات وأثرها في حركة الرساميل والاستثمارات. وقد جاء كل ذلك موازياً لانهيار النظام الاشتراكي العالمي وبروز قوى فاعلة جديدة، قوى غير وطنية، اقتصادية ومالية، تتميز بجنوحها المكثف نحو التركيز من خلال قيام تحالفات عملاقه واحتكارات متينة يواكبها في الوقت نفسه تعاظم دور النظام النقدي الدولي الخاص وأثره المريب في خلق أسواق مالية لا حدود لها ولا رقابة عليها من دون أي اعتبار لمصالح الدول الاقتصادية والاجتماعية. ويتعاظم دور القوى عبر الوطنية التي تمثل التيارات الشعبية والقوى الأهلية من خلال المنظمات الدولية غير الحكومية.

مقابل ذلك، وفي محاولة لتأطير العولمة أصبحت الإقليمية الملاذ الذي تسعى إليه العديد من الدول. وابتدأت الحدود تفقد سياسياً واقتصادياً الضوابط التي اعتمدت عليها الدول ذات السيادة لتحل محلها تدريجياً حركات اندماجية تنطلق من مشاريع وظيفية محددة لتشمل كافة المجالات الحياتية وعلى مستوى العالم بأسره.

مثل هذه المظاهر وضعت مبدأ سيادة الدولة موضع تساؤل ومحل اختبار جدي فيما يتعلق بصدقية مرتكزات هذا المبدأ، حيث كانت الدولة متحصنة بخنادقها ومحاطة بأسوارها ضد أية محاولة للنيل منها من قبل قوى خارجية.

ومع ذلك، ورغم كل ما تقدم، تبقى الدولة هي الوحدة الرئيسة سواء كان ذلك على الصعيد الداخلي أو الخارجي. فهي المسؤولة بشكل مباشر عن تنظيم وإدارة المجتمع المتواجد ضمن سلطانها، وهي المسؤولة أيضاً عن مهام التخطيط والتنمية بكل أبعادها ومضامينها السياسية والاجتماعية والاقتصادية والثقافية.

وعلى الصعيد الخارجي، تحدد الدولة أهدافها وتختار الوسائل المناسبة لتنفيذها، بمعنى أنها المسؤولة عن رسم وتخطيط سياستها الخارجية وتوظيف أدوات تنفيذها في إطار تعاملها وتفاعلها مع بقية الوحدات الدولية الأخرى، سواء كانت دولة أو منظمات دولية أو شركات متعددة الجنسية، ومهما يقال بخصوص السيادة واختراقها أو تآكلها بفعل المظاهر المتنوعة لموضوع العولمة، فإن هذا التفسير، وأن كان ينطوي على قدر كبير من الصحة، فإن الدولة كمؤسسة سياسية-اجتماعية، وكوحدة دولية، تبقى محتفظة بخصائصها كواحدة من أشخاص القانون الدولي، وأن كان ثمة تراجع في بعض من جوانب سيادتها وفق ضوابط ومعايير السيادة بمعناها التقليدي.

ثانياً: المنظمات الدولية:

تعبّر فكرة المنظمات الدولية عن الحاجة المتزايدة لأدوات دوليه جديدة تضبط الأداء والتفاعل السلوكي بين الدول وتحد من اندفاعاتها وتعمل على عقلنه أهداف سياستها الخارجية وهي تسعى لتحقيق مصالحها الذاتية وتدفع بها إلى إيجاد حلول للمشكلات الدولية والبحث عن سبل التعاون والتضامن لأقامة عالم مستقر وآمن. فالمنظمات الدولية هي نتاج الحاجة لتحقيق أهداف تعاونية غير تصارعية تعين المجتمع الدولي على تجاوز حاله الفوضى وعدم الاستقرار، ومن ثم الأخذ به إلى آفاق أرحب من العمل المشترك الهادف والبناء، لخلق أوضاع مستقرة تضمن للدول كافة أن تعبّر عن إرادتها في إنشاء وسيلة أو أداة تسمح باستمرارية العلاقات الدولية في الميادين الحيوية تحقيقاً لمصالح جميع الأطراف الدولية. والمنظمة الدولية تعتبر وحدة دولية، أو إحدى وحدات النظام الدولي إلى جانب الدول نظراً لما تتمتع به من شخصية قانونية دولية. وهذا ما نصت عليه المادة (104) من ميثاق الأمم المتحدة التي جاء فيها (أن المنظمة تتمتع في بلاد كل عضو من أعضائها بالأهلية القانونية التي يتطلبها قيامها بأعباء ووظائفها

وتحقيق مقاصدها). هذا النص يعني أن الدول تعترف بهذا الحق وتصبح المنظمة الدولية من أشخاص القانون الدولي متمتعه باختصاصات معترف بها.

كما تؤكد الشخصية القانونية للمنظمة الدولية أن لها امتداداً دولياً يرتبط بالمهام والغايات التي تعمل من أجلها المنظمة والتي تهم الدول وتختص بالعلاقات فيما بينها، كمعالجة القضايا والمشكلات والأزمات التي تمس مصالحها والتي لها علاقة وثيقة بحفظ الأمن وتحقيق التعاون على الصعيد الدولي. وعليه، فإن الشخصية القانونية الدولية للمنظمة تمنحها عدة امتيازات منها:

1- حق التمتع بالمزايا والحصانات الدبلوماسية للعاملين في خدمتها وحق حمايتهم والدفاع عن مصالحهم.

2- حق التقاضي أو طلب الافتاء القضائي من الهيئات القضائنة الدولية.

3- حق المنظمة الدولية في عقد اتفاقات دولية مع الدول أو مع منظمات دولية أخرى كما تتمتع المنظمة الدولية بخصائص فريدة من نوعها تسمح لها، وللأجهزة التابعة لها، التأثير في العلاقات الدولية، أو تحقيق أشكال جديدة في العلاقات الدولية ومنها:

1- أن المنظمة الدولية وبأجهزتها المتعددة والمتنوعة تتمتع بالقدرة على تهيئة وخلق الحوار الدائم بين الدول حول المسائل ذات الاهتمام المشترك. فطالما تضم المنظمة الدولية ممثلي الدول الأعضاء فيها، فإن هذا يتيح المجال لمناقشة جماعية على المستوى الدولي للقضايا المثارة أو التي يراد معالجتها. وعلى هذا الأساس فإن جميع المسائل التي تتم مناقشتها تسمح بالإعلام المباشر والشامل الذي ينتج عن الآراء المختلفة التي يقدمها مندوبو الدول فتتضح المواقف الدولية، إما في توافقها أو في اختلافها.

مثل هذا النشاط يؤدي بدوره إلى بلورة المواقف ونضجها من خلال الدور الكبير الذي يمكن أن تقوم به أجهزة المنظمة الدولية من خلال اقتراح

المواضيع التي تمثل إشكاليات دولية جديدة وإدخالها في دينامية المناقشة والاستشارات والدراسات والمعالجات من أجل اتخاذ القرارات الملائمة لها. ومن الأمثلة على ذلك، مسائل التخلف والتنمية ومخاطر البيئة وانتشار الأسلحة المحظورة، ومشاكل الأوبئة والأمراض وغيرها من القضايا التي تهم المجتمع الدولي، وتمثل القاسم المشترك في محور اهتماماته.

2. كما وأن النشاط الذي تقوم به المنظمة الدولية، عن طريق الأجهزة المتخصصة والتابعة لها، أدى إلى حدوث تطور نوعي في العمل الدبلوماسي في إطار العلاقات الدولية. فالدبلوماسية لم تعد سرية، بل تحولت، عن طريق هذا المحفل الدولي، إلى دبلوماسية علنية.

من ناحية أخرى، فإن هذا النشاط والدينامية الجماعية في إطار المنظمة الدولية ساعد كثيراً في انتقال الدبلوماسية من إطارها الثنائي إلى الإطار الجماعي أو المتعدد الأطراف. فالدبلوماسية متعددة الأطراف تتميز بكونها تتم بين عدد كبير من ممثلي الدول، وهذا ما يؤدي إلى بروز مصالح عديدة مغايرة ومختلفة يلتزم التوفيق فيما بينها من خلال عمل جماعي متعدد الأطراف من أهم سماته أنه يعتمد أولاً على المساواة بين الأطراف كحالة تعددية بديلة عن الحالة الثنائية.

وينطلق ثانياً من وحدة المشاكل ووحدة المخاطر التي تفرض المواجهة المشتركة لها بأقل جهد وأقل تكلفة ممكنة، مثل تأمين السلام وتحقيق التنمية والحفاظ على البيئة ومحاربة الأمراض المتفشية وما إلى غير ذلك من موضوعات وقضايا تهم الأسرة الدولية. ويتمتع ثالثاً بنظره مستقبلية أكثر وضوحاً تسمح ببناء الحس المشترك والتحضير الأفضل لاستشراف المستقبل ومواجهة التحديات.

وهكذا فإن أجهزة المنظمات الدولية، التي تشكل الإطار والمنبر الدائم الذي يسمح بتطبيق هذه الدبلوماسية، أدت إلى تطوير حقل العلاقات الدبلوماسية

بمجملها فقد أصبحت الدول ملزمة في تحديد مواقفها وأن تأخذ بعين الاعتبار مجمل المسائل الدولية والتيارات السياسية والأيديولوجية.

فالدبلوماسية متعددة الأطراف تسمح بتعديل توازن القوى، إذ إن الدول كثيراً ما تواجه هذا الواقع عندما توجد أكثرية من الدول تناهض سياساتها، حيث يتم اللجوء إلى الأمم المتحدة عند التأكد من صحة وعدالة القضية التي يدافع عنها . كذلك عند التأكد من صحة وعدالة القضية التي يدافع عنها.

كذلك فإن الدبلوماسية المتعددة الأطراف تسمح بدفع القضايا الدولية العادلة حيث يصعب علي ممثلي الدول، مهما كانت المواقف الفردية المتبعة، أن يجاهروا بمواقف معارضة في مسائل وقضايا اقتصادية أو اجتماعية أو سياسية تهم خير ومصلحة الإنسانية جمعاء.

3. ومن الخصائص الفريدة التي تمتع بها المنظمة الدولية والأجهزة التابعة لها هي قدرتها على تقرير ما يمكن أو يلزم القيام به على المستوى الدولي، أي قدرتها على اتخاذ القرارات سواء كانت تلك القرارات ترتبط بسياسة الدول وعلاقاتها فيما بينها، أو القرارات المتعلقة بعلاقة المنظمة الدولية مع الدول. ومن الطبيعي أن تجسد تلك القرارات أنماط السلوك الواجب اتباعها من قبل المنظمة الدولية في إطار تعاملاتها مع الغير من وحدات النظام الدولي. ويمكن تسميه هذا النشاط بالعلاقات الخارجية التي تقوم بها المنظمة انطلاقاً من تمتعها بالشخصية القانونية الدولية. ويتمثل هذا النشاط القراري، إن صح التعبير، المنشىء لعلاقات المنظمة الدولية الخارجية بكل الاتفاقات التي تعقدها والفعاليات التي تقوم بها مع الأجهزة التابعة لها بالإضافة إلى التمثيل الدبلوماسي، كما تشمل أيضاً الاتفاقيات المتعلقة بإرسال القوات الدولية والحصول على التسهيلات العسكرية من قبل الدول الأعضاء. وبعبارة مختصرة، فإن سلطة اتخاذ القرارات تتمثل بكل ما يصدر عن المنظمة الدولية من قرارات تدخل في إطار تنظيم التعاون بين الدول وتمثيل العلاقات فيما بينها والبحث عن السبل والوسائل اللازمة لحل المشكلات التي تواجهها.

إلا أن ما تجدر الإشارة إليه بهذا الصدد، هو أن بعض القرارات التي تتخذها المنظمة الدولية لها مفعول إلزامي، أي على جميع الأعضاء الإلتزام بها والتقيد بتنفيذها، في حين تصدر قرارات أخرى لا تكون ملزمة إنما تأخذ شكل التوصية، أي بمعنى أنها قرارات معيارية لتوجيه سلوك الدول. ومثال القرارات التي تحمل صفة الإلتزام تلك الصادرة من مجلس الأمن، أما القرارات التي لا تتمتع بصفة الإلزام المباشرة وتأخذ شكل التوصيات فهي تلك الصادرة عن الجمعية العامة للأمم المتحدة.

وفي الواقع أثير جدل واسع حول صفة الإلزام وعدم الإلزام بالقرارات الصادرة عن المنظمة الدولية، وتركز الخلاف حول صفة الإلزام غير المباشر، فبعض الدول، وخصوصاً الدول المهيمنة، ترفض القيمة القانونية لقرارات المنظمة الدولية عندما تتعارض مع مصالحها تحت ذريعة أنها لا تحمل صفة الإلزام المباشر. إلا أن رأينا بهذا الصدد يذهب إلى أن العضوية في الأمم المتحدة مبنية على أساس الإلتزام الدائم باحترام نصوص الميثاق (المادة الرابعة)، وهذا يعني، أولاً وقبل كل شيء، احترام مقاصد المنظمة الدولية ومبادئها. وإذا راجعنا الإعلانات والتوصيات الصادرة عن الجمعية العامة للأمم المتحدة نجد أنها تدخل في إطار تحقيق هذه المقاصد، وبالتالي فإن القول بعدم الزاميتها هو تعبير عن مواقف لا تتفق وميثاق الأمم المتحدة.

إن أغلب الانتقادات ارتكزت على اعتبار هذه الإعلانات مجرد نصوص دولية عامة لا تتضمن تحديدات واضحة لسلوك الدولة تاركة ذلك للإجراءات اللاحقة كوضع الاتفاقيات الدولية والتصديق عليها. ولكن الواقع يؤشر لنا أن هذه الإعلانات والمواثيق لم تفعل سوى تفصيل وتوضيح ما ورد في الميثاق الذي يعتبر إلزاميا. فالخلاف إذن هو ليس حول القيمة الإلزامية التي هي أكيدة، بل حول القيمة التنفيذية لهذه القرارات. فالقرار الدولي يتمتع بالإلزام القانوني عند الموافقة عليه من قبل المنظمة الدولية دون أن يمس ذلك بسيادة الدول طالما أنه تم وفق الميثاق المنشئ الذي ارتضته الدول. فالذي يطرح إذن

هو سلطة التنفيذ، وعدم اللجوء إلى استخدام هذه السلطة يعتبر أمراً أساسياً فالمسألة المطروحة والخلاف الدائر يرجعان إذن إلى القرار السياسي في تنفيذ هذه القرارات وليس إلى القوة القانونية الملزمة لها.

ثالثاً: القوى غير الوطنية

من الوحدات الدولية الأخرى التي تسهم في تشكيل نسيج العلاقات الدولية هي القوى غير الوطنية. ويمكن تعريف القوى عبر الوطنية بأنها تلك القوى الدولية الجديدة التي تتجاوز آثارها حدود الدولة القومية. وهذه القوى هي نتاج تزايد حجم المبادلات الاقتصادية والثقافية وثورة التكنولوجيا والاتصالات التي قادت بمجملها إلى تعاظم دور القوى الاقتصادية عبر الوطنية.

وتتميز القوى عبر الوطنية بكونها لا ترتبط بالدول أو بالمنظمات الدولية، بل يمكن اعتبارها المنافس الجديد للدول ذات السيادة على الساحة الدولية. وبسبب هذه الميزة فإن هذا القوى لا تخضع للقانون الوطني للدول التي يتواجد فيها نشاطها، أي نشاط هذه القوى، كما أنها لا تخضع للقانون الدولي.

ومن وجهة نظر القانون الدولي فإن (عبر الوطني) تعني وجود حالة أو شخص له ارتباطات مع أكثر من دولة بشكل روابط إقليمية أو شخصية، أو نتيجة نشاط ما، ولا يمكن خضوعه كلياً للقانون الوطني أو للقانون الدولي. ويمكن تصنيف هذه القوى إلى مجموعتين: الشركات المتعددة الجنسية والمنظمات الدولية غير الحكومية.

1. الشركات المتعددة الجنسية: و تعتبر الشركات المتعددة الجنسية من أهم القوى عبر الوطنية التي يعرفها العالم اليوم، وقد تعاظمت أهمية هذه الظاهرة في العلاقات الدولية بعد الحرب العالمية الثانية، وأصبح دورها وحجم تأثيرها أساسياً في العلاقات المالية والاقتصادية الدولية. وبسبب من كون هذه الشركات ولدت من رحم النظام الرأسمالي وارتبطت به، فإنها تميل إلى التمركز الشديد واحتكار الإنتاج على المستوى الدولي، الأمر الذي أدى إلى

أن يكون نشاطها ممتداً ويشمل جميع القارات متجاوزة بذلك كل الحدود السياسية. ويبدو واضحاً أن أثر هذه الشركات على العلاقات الدولية يهدف إلى احتواء اقتصاد جميع الدول من خلال دورها كأداة رئيسية في تحقيق العولمة الاقتصادية. ومما تجدر الإشارة إليه هنا هو أن هذه الشركات تخضع لمركز رئيس موجود في دولة ما، وهذا المركز هو الذي يخطط لسياسة الفروع المتواجدة في دول أخرى.

وفي الواقع، فإن هذه الظاهرة، ظاهرة الشركات متعددة الجنسية، لا تمثل ظاهرة حديثة النشأة رغم أن زيادة حجمها وكثافة نشاطها أخذ بالتصاعد بعد الحرب العالمية الثانية من القرن العشرين. إن هذه الظاهرة هي وليدة القرن التاسع عشر، وارتبطت بالمبدأ المعروف دعه يعمل دعه يمر، وهو المبدأ الذي جعل العديد من الشركات الأوروبية توزع نشاطها على المستعمرات، كما أدى إلى نشوء المنافسات الحادة مما كان يعني إما وضع اتفاقات بين الدول الاستعمارية تكفل أو تحد نشاط شركاتها، وإما ضم الإقليم نهائياً وإخلاء المجال لشركات الدول المستعمرة.

وبعد منح الاستقلال للأقاليم المستعمرة حافظت الشركات على امتيازاتها وأبقت عليها، بل إن البعض منها كان يحتكر قطاعات الإنتاج الرئيسية في البلاد، وهذا ما أدى إلى طرح السؤال حول الاستقلال الحقيقي لهذه الدول غير أن هناك دولاً أخرى عديدة دخلتها الشركات بعد الاستقلال بسبب حاجتها للرساميل في استثمار ثرواتها. وعرفت الدول الأوروبية بعد الحرب العالمية الثانية دخولاً كثيفاً للرساميل الأمريكية، بدءاً مع برنامج مارشال لتنمية أوروبا، مستفيدة من وجود يد عاملة وسوق محلية مزدهرة وتسهيلات حكومية وأمان سياسي. إن انفتاح جميع الأسواق أمام الرساميل جعل من تطبيق قواعد الرأسمالية تتحقق على مستوى عالمي: منافسة على مستوى عالمي، واحتكار على مستوى عالمي، وتمركز.

وفي الواقع، ثمة عوامل عدة أسهمت في زيادة أهمية هذه الشركات وتنامي

دورها في ميدان العلاقات الدولية عنها:

1. شمولية وتنوع النشاطات التي تقوم بها الشركة الواحدة: فأي من هذه الشركات يتميز نشاطها بامتداده لقارات عدة ويتفوق في ميادين مختلفة، كالصناعات الاستخراجية، بترول، فحم،حديد..الخ، الإنتاج الزراعي، الإنتاج الصناعي، المواد الغذائية، صناعة الأدوية.

2. ازدياد عدد الشركات المتعددة الجنسية وضخامة أرباحها. فالملاحظ أن من بين العوامل التي أسهمت في تنامي أهمية الشركات عبر الوطنية هو زيادة عددها وانتشار فروعها على الصعيد العالمي. فبعد أن كان عددها عام 1975(11.000) شركة لها (82000) فرع في الخارج، أصبح عددها عام 2000 (450.000) باستثناء الشركات المالية ولها (280.000) فرع خارجي، ويتواجد البعض من الشركات العملاقة في أكثر من 150 دولة في العالم.

من ناحية أخرى يلاحظ أيضاً أنه يعدان كانت هناك أربع شركات تزيد أرقام أعمالها على العشر مليارات عام 1975، وصل عدد هذه الشركات وهي الأكبر في العالم إلى 200 شركة عام 2002، ويقدر أرقام، أعملها بأكثر من 8 مليار دولار. وتظهر أهمية هذه الشركات وحجمها النسبي إذا قارنا دخولها التي تزيد على ميزانيات بعض الدول الصناعية وعن ميزانيات أكثر دول العالم. وعلى سبيل المثال يفوق أرقام أعمال شركة فورد الدخل القومي للدنمارك، كما يفوق أرقام أعمال أكبر عشرين شركة من هذه الشركات الدخل القومي لكل من الهند والبرازيل والمكسيك مجتمعة.

كل هذه العوامل تكشف لنا ضخامة النشاطات التي تقوم بها هذه الشركات المتعددة الجنسية مما أتاح لها هامشاً واسعاً لتتمتّع بالقوة والقدرة على التأثير. وبسب من هذه الميزة، لعبت الشركات عبر الوطنية دوراً كبيراً في تحقيق الأهداف والمصالح الاستراتيجية للدولة الأم. فهي من ناحية أسهمت في زيادة دخلها الوطني من خلال الأرباح التي تجنيها في الخارج حيث يمكن

إعادة استثمارها في الداخل، كذلك الأموال التي تحصل عليها الدولة الأم كضرائب تفرض على أرباح الشركات. فضلاً عن ذلك، فإن هذه الشركات تمثل بالنسبة للدولة الأم الضمان الاستراتيجي لاستمرار هيمنتها على المواد الأولية وخاصة المواد الإستراتيجية، كالنفط واليورانيوم. بمعنى، أن وجود هذه الشركات في الدول المضيفة يضمن ارتباطها بالدولة الأم.

أما المظهر السلبي لدور الشركات عبر الوطنية والمتعددة الجنسية فإنه يظهر من خلال علاقتها بالدول المضيفة. فوجود هذه الشركات وتعاظم دورها في الدولة المضيفة غالباً ما يتعارض مع مشاريع التنمية الوطنية. فبسبب الرغبة في تحقيق أعلى الأرباح واحتكار النشاط الإنتاجي في بعض القطاعات وخصوصاً الرئيسية والحيوية منها، فإنها تحول دون ظهور وتنامي أي نشاط وطني قد يكون منافساً لها، أو متحرراً من قيودها، الأمر الذي دفع ببعض الشركات لأن تهيمن كلياً على ميادين الإنتاج الأساسية في بعض الدول، وأن تؤثر من خلال هيمنتها الاقتصادية على حرية اختيار القرارات السياسية ورسم السياسات الوطنية.

ويبدو التأثير الأكثر أهمية لهذه الشركات على الدول المضيفة في ما يتحقق في ميدان التنمية والتطور الاقتصادي، حيث إن احتكار استخراج المادة الأولية الرئيسية في بعض الدول (كالنفط،النحاس) وتسويقها وتصريفها، واحتكار إنتاج المواد الزراعية وتسويقها، يضعها في مركز التبعية لسياسة الشركة العالمية. فالدول غير قادرة أن تحدد الأسعار ولا تستطيع تحديد الكميات الواجب استخراجها وفق خطط التنمية على الأمد البعيد. إن حجم الكميات المستخرجة تحدده الشركات وفق حاجات السوق العالمية وفي ضوء مصالحها وأرباحها بعيداً عن المصالح الوطنية.

إن علاقة الشركات عبر الوطنية بالدول النامية، كدول مضيفة للاستثمار الأجنبي، لم تتبدل كثيراً في جوهرها. ومع التحرر من الاستعمار في آسيا وإفريقيا، تمكن المستثمر والتاجر الأجنبي أن يعمل محققاً رغباته في إطار سياسي جديد تماماً كما كان يحلم بالقيام به سلفه في القرن التاسع عشر

ودون أي اهتمام بالشؤون المحلية. وبهذا المعنى فإن ما كان يحققه الاستعمار من مصالح قديماً أصبحت تحققه الآن الشركات عبر الوطنية من خلال وسائل أكثر فعالية وأكثر ملاءمة مع الأوضاع الحديثة. ويرى البعض بأن عصر العولمة يجر معه نوعاً جديداً من الاستعمار، فيما يسمى بسياسات التنمية يترجم بأشكال من الرقابة والاستعباد لا تقوم به الدول ولكن تقوم به الشركات عبر الوطنية العملاقة(17).

2- المنظمات الدولية غير الحكومية:

ينصرف المعنى الذي ينطوي عليه تعبير المنظمات غير الحكومية إلى تلك التجمعات التي تمارس نشاطات متعددة لا تتحد بالهويات القومية. ورغم قدم ظاهرة التنظيم المؤسسي غير الحكومي ، فإن دورها في العصر الراهن أخذ يتميز بالحيوية والاتساع نظراً للتطور الكبير الذي طرأ على التجارة الدولية وتكنولوجيا الاتصالات والمواصلات، الأمر الذي ساعد على انتقال الأفراد ورؤوس الأموال والأفكار والثقافة والمعارف في ميادين شتى.

ويتصف النشاط المؤسسي غير الحكومي بسمتين رئيسيتين، الأول أن هذا النشاط يتصف، وكقاعدة عامه، بالتلقائية، فهو إرادي واختياري لا يتلقى ايَّ توجيهات من السلطات الحكومية المحلية والدولية. وكون النشاط غير الحكومي يتصف بالتلقائية، أو ينطوي على مبادرات خاصة، فإن هذا يعني أن يكون هناك ثمة تعاون بين هذه الأطراف التي تجد في ذلك النشاط ما يعين على تحقيق احتياجات وتطلعات رعاياها.

السمة الثانية، يجسدها موضوع التضامن الدولي، الذي يعبر عن تلك الرابطة التي تجمع بين أشخاص ينتمون إلى هويات وطنية مختلفة ومتعددة ويمارسون نشاطات يتوخون من ورائها تحقيق أهداف ذات صبغة دولية.

إن وجود هذين العنصرين، ونتيجة التفاعل القائم بينهما في إطار مؤسسي قابل للديمومة والاستمرار من شأنه أن يتيح للأفراد فرصة المشاركة في ديناميات المجتمع الدولي والإسهام في التفاعلات القائمة بين وحداته، وحل المشكلات ومعالجة الموضوعات التي تهم المجتمع الدولي والحياة الإنسانية.

وإذا أردنا تعريف المنظمات الدولية غير الحكومية، فإنه يمكن اعتماد القرار الصادر عن المجلس الاقتصادي والاجتماعي للأمم المتحدة بالرقم (288) الصادر عام1950، والمعدل عام 1968، الذي ميَّز بين المنظمات الدولية الحكومية والمنظمات الدولية غير الحكومية معتبراً أن المنظمة غير الحكومية وهي كل منظمة لا يتم تأليفها نتيجة اتفاق بين الحكومات، بما فيها المنظمات التي لا تقبل أعضاء يتم اختيارهم من قبل سلطات حكومية شرط أن لا يؤدي ذلك للأساءة إلى حرية التعبير عن رأي هذه المنظمات(18).

إن دور المنظمات غير الحكومية يتمثل إذن في بناء أشكال مختلفة من التضامن الإنساني غير الوطني، فنجدها تتكون من أجل خدمة أغراض إنسانية، أو من أجل الدفاع عن مصالح أعضائها المنتشرين في دول مختلفة، أو من أجل مفاهيم اجتماعية غايتها المحافظة على الأمر الواقع، أو في سبيل الإصلاح أو في اتجاه التغيير الذي يحقق الطموحات والمطالب الإنسانية.

وهكذا، قادت شبكة العلاقات غير القومية، وعلى اتساع العالم كله، إلى خلق نسيج اجتماعي يزيد من فرص التعاون والتقارب، كما أنه يسمح أحياناً بامتصاص الصدمات التي تحدث نتيجة الاحتكاك بين الحكومات فضلاً عن أنه يسمح في حالة انقطاع العلاقات بإعادة الصلة بين الأطراف المتصارعة. هذا، وقد تطورت المنظمات الدولية غير الحكومية في طريق عملها إلى أجهزة هدفها إما تنسيق نشاطات الهيئات والمؤسسات الوطنية، أو من أجل القيام مباشرة بتحقيق الغايات والأهداف التي تصبو إليها مجموعة من الأفراد ينتمون إلى دول مختلفة. ولعل من بين أهم السمات التي تميزت بها المنظمات الدولية غير الحكومية على الصعيد الدولي التي تمثلت بزيادة عددها الذي تضاعف أربع مرات ما بين 1960(1255) منظمة إلى (5590) منظمة عام 2002(19).

أما السمة الثانية التي تميزت بها هذه المنظمات فهي الانتشار التدريجي في جميع القارات ودول العالم. كما أن هذه المنظمات تميزت أيضاً بشمولية

نشاطها الذي شمل ميادين حياتية مختلفة كالطب والصحة والعلوم والتكنولوجيا والتربية والشباب والرياضية، والنقل والشعر والسياحة، المجالات الاقتصادية والمالية، الفنون والآداب، والأديان والأخلاق، المنظمات المهنية والنقابية، التجارة والصناعة ...الخ.

هذا الدور المتنامي للمنظمات الدولية غير الحكومية يكشف عن قدرتها في التأثير المباشر على دينامية العلاقات الدولية. ويظهر ذلك عملياً من خلال الاعتراف المتزايد بهذه المنظمات من قبل المنظمات الدولية الحكومية، وخاصة مؤسسات الأمم المتحدة من جهة، ومن خلال دورها كأداة محركة في دينامية وتنظيم وتطوير المجتمع الدولي، أو ما يمكن اعتباره نواة لمجتمع دولي مدني من جهة ثانية، أو من خلال دورها الاستشاري في المنظمات الدولية من جهة ثالثة.

ومما تجدر الإشارة إليه، أن دور هذه المنظمات على المستوى الدولي اعترف به ميثاق الأمم المتحدة، إذ نصت المادة (17) منه على (أن المجلس الاقتصادي والاجتماعي يجري الترتيبات المناسبة للتشاور مع الهيئات غير الحكومية التي تعنى بالمسائل الداخلة في اختصاصه. وهذه الترتيبات قد يجريها المجلس مع هيئات دولية كما أنه قد يجريها إذ رأى ذلك ملائماً مع هيئات وطنية وبعد التشاور مع عضو الأمم المتحدة ذي الشأن). وتبرز دينامية المنظمات الدولية غير الحكومية من خلال محاور رئيسية يمكن تلخيصها بما يلي:

1. تطوير ظاهرة التضامن عبر الوطني التي تتعزز من خلال المؤتمرات الدولية في المجالات العلمية والثقافية، وخلق معايير أخلاقية دولية حول حقوق الإنسان، القانون الدولي الإنساني، نزع السلاح، أمور البيئة، وما إلى غير ذلك.

2. المساعدة في تحديد وبلورة إشكاليات المجتمع الدولي، أو في فرض مواضيع جديدة في العلاقات الدولية، ويتم ذلك من خلال ما تقوم به الفروع الوطنية تجاه السلطات المعنية أو من خلال الضغوط على

المنظمات الدولية الحكومية. وتتحرك هذه المنظمات بغرض لفت الانتباه إلى أهم القضايا والمسائل الدولية التي تعجز أو تقتصّر الحكومات أو المنظمات الدولية الحكومية في معالجتها مثل التحديات الاقتصادية والاجتماعية وقضايا البيئة وخاصة التحديات التي تطرحها حالياً العولمة الاقتصادية.

وبسبب من ما تملكه هذه المنظمات من مظاهر القوة والنفوذ فإن ذلك دفع بالحكومات والأجهزة الرسمية الاعتماد عليها في معالجة العديد من الموضوعات والقضايا التي يهتم بها المجتمع الدولي. إلا أن تطور نشاط هذه المنظمات في معالجة مواضيع ترتبط من قريب أو بعيد بالشؤون الداخلية جعل من دورها المؤثر ثقافياً يتحول تدريجياً إلى دور مؤثر سياسياً.

إلا أن ما تجدر الإشارة إليه بهذا الصدد هو، أن هذه المنظمات وبسبب من عدم تمتعها بوضع قانوني دولي يتناسب مع طبيعتها ومع الوظائف التي ترغب في إنجازها، وبسبب غياب أي اتفاق دولي يعترف بحق هذه المنظمات في الوجود ويخولها حرية العمل، فإنها غالباً ما تدخل في مشاكل مع الدول التي تتعامل معها. فالوضع القانوني الوطني، أو التشريعات الوطنية للدول لاتخاطب في الواقع سوى الجماعات الوطنية أو المحلية، ومن ثم فهي لا تصلح من حيث المبدأ للتعامل مع الاحتياجات الخاصة بالروابط أو الجماعات التي يستمد نشاطها خارج الحدود.

وعلى هذا فإن القيود التي ترد على حركة تلك المنظمات والنشاطات التي تمارسها متأنية من اعتبارين: الأول، هو خضوع نشاطاتها للسلطات الوطنية التي غالباً ما ترى في أعمالها ما لا يتناسب مع مقتضيات المصلحة الوطنية، وأنها تعتبره إخلالاً بأمنها القومي. أما الاعتبار الثاني فمرده، إن هذه المنظمات لا تملك حصانة قانونية تضمن لها وضعاً مستقراً على الصعيد الدولي. ومن هنا، يمكن أن ندرك مدى المخاطر التي تواجه هذه المنظمات التي لا تتمتع بوضع قانوني دولي يسمح لها بمواجهة الدول أو السلطات الحكومية عندما تتدخل في شؤونها أو في النشاطات التي تمارسها.

ومع ذلك تمتلك المنظمات غير الحكومية هامشاً واسعاً من الحركة من خلال النشاطات المتعددة والمتنوعة التي تضطلع بها وهي بسب هذه الخاصة تملك قدرات في التأثير على أنماط السلوك الدولي من خلال الضغط على صناع القرار، أو يدفع بعضهم نحو نمط من الحركة أو اتباع سياسات خارجية معينة تتماشى مع أهدافها.

من ناحية أخرى وعلى صعيد التعامل مع المنظمات الدولية الحكومية، فإن الأخيرة اتخذت من الترتيبات بما يسمح للمنظمات الدولية غير الحكومية من التمتع بالوضع الاستشاري. وقد أتاح هذا الوضع الاستشاري إقامة نوع من التعاون المفيد بين المنظمات الدولية الحكومية التي تجسد مصالح الدول، وبين المنظمات غير الحكومية التي تجسد مصالح محددة. وقد تمثل هذا التعاون بإسهام المنظمات غير الحكومية في أعمال المنظمات الحكومية الذي اتخذ شكل المشاركة في مناقشة المسائل والقضايا المطروحة داخل المنظمة، والقيام بنشاطات ميدانية في إطار المهام الميدانية للمنظمة الحكومية. كما تتعاون المنظمات الدولية غير الحكومية في تمويل وتطبيق برامج التنمية التي تقوم بها المنظمات الدولية المتخصصة، كمنظمة اليونسكو ومنظمة الأغذية والزراعة(20).

هوامش الباب الأول

1. وردت هذه الآراء عند:

.Deutsch M- the analysis of international relations, eaglewood cliff s, N.J, Prentice hall, 1969, p.13

2. يمكن الوقوف على هذه التعاريف بالرجوع إلى :د. ناصيف يوسف حتي، النظرية في العلاقات الدولية، دار الكتاب العربي، بيروت،1985، ص8.

3. د. عبد القادر محمد فهمي، نظرية السياسة الخارجية، مكتبة سعد، عمان، 2009، ص23.

4.نفس المصدر، ص20.

5. للوقوف على التعاريف التي أعطيت للدبلوماسية يمكن الرجوع إلى:

- د. فاضل زكي محمد الدبلوماسية في النظرية والتطبيق، بغداد، وزارة الثقافة، 1968، ص9.

- سموحي فوق العادة، معجم الدبلوماسية والشؤون الدولية، بيروت، مكتبة بيروت، 1974،ص127.

- د. محمد السيد سليم، تحليل السياسة الخارجية، مركز البحوث والدراسات السياسية جامعة القاهرة، القاهرة، 1989، ص10.

5. Maurice A-East, the international systems perspective and foreign Policy, in mauric A- east and C-F- Herman eds, why actions ACT, Beverly hills, sage publication, 1978,D-145.

6. Kenneth G. Boulding , Conflict and defense, ageneral theory, N.Y Harper tourch book, 1963-p-7

7. K.J. Holsti, international politics, afram work for a For Analysis, Prentice Hall, inc, 1967,P .9.

8. Morton A. Kaplan, system and process in international Politics, NY, john wiley and sons, 1962,p-12.

9. james Dougherty, the study of the global systems in world politics, edited by jams Rosenauand others, free press, NY, 1976, p-597.

10. راجع للتفاصيل: د. عبد القادر محمد فهمي، النظام السياسي الدولي، دراسة في الأصول النظرية والخصائص المعاصرة، دار وائل للنشر، عمان، 1997، ص17.

11. المرجع نفسه، ص19.

12. راجع للتفاصيل حول الأنظمة الفرعية وتحديد خصائصها.جميل مطر وعلي الدين هلال، النظام الإقليمي العربي، دراسة في العلاقات السياسية العربية، مركز دراسات الوحدة العربية، بيروت ط5، 1986، ص22.

13. انظر في وجهه النظر هذه د. عبد المنعم سعيد، العرب ومستقبل النظام العالمي، مركز دراسات الوحدة العربية، بيروت، 1987، ص19.

14. David singer, the level of Analysis problem international relations, world politics, vol .October,1961.p-81

15. د. عبد القادر القادري، القانون الدولي العام، مكتبة المعارف، الرباط، 1984،ص33.

16. انظر للتفاصيل في السمات الجديدة للدبلوماسية: د. فاض زكي محمد، الدبلوماسية في عالم متغير، دار الحكمة للطباعة والنشر، بغداد، 1992، ص12 وما بعدها.

17. للوقوف على الزيد من التفاصيل حول طبيعة هذه الشركات وآلية عملها وأدوات وأساليب تأثيرها، يمكن الرجوع إلى:

د. محمد السيد سعيد الشركات عابد القومية ومستقبل الظاهرة القومية، الكويت، 1986.

- روبرت د. انتور، السياسة الدولية المعاصرة، ترجمة أحمد ظاهر، مركز الكتاب الأردني، عمان، 1989.

- بول هيرست وجراهام توميسن، مسألة العولمة، الاقتصاد الدولي وإمكانات التحكم، ترجمة إبراهيم فتحي، المجلس الأعلى للثقافة، 1999.

18. ورود عند: د. محمد حسن الأبياري، المنظمات الدولية وفكرة الحكومة العالمية، الهيئة المصرية العامة للكتاب، القاهرة، 1978، ص263.

19. راجع بذلك: yearbook of international organization,2002

20. تتمتع أكثر من 600منظمة دولية غير حكومية، ويطلق عليه الوضع الاستشاري في منظمات متخصصة، كمنظمة العمل الدولية، منظمة الأغذية والزراعة، اليونسكو، الصحة العالمية، الوكالة الدولية للطاقة الذرية، منظمة اليونيسيف، هذا بالإضافة إلى منظمتين أمريكيتين هما المجلس الأوروبي و منظمة الدول الأمريكية.

الباب الثاني

النظريات الجزئية في للعلاقات الدولية

مقدمة

في ميدان علم السياسة ثمة اتجاهات فكرية تحاول تحليل العلاقات الدولية من خلال منظور جزئي، أو جزئية معينة يستعين بها الباحث لتفسير الظاهرة بأبعادها الكلية أو الشمولية.

هناك إذن نظريات تنطلق من الجزء وصولاً إلى الكل مثل نظرية اللعبة- كما سنعالج ذلك - التي ترى أن العلاقات الدولية هي النموذج المكبَّر لمباراة مصَّغرة يمكن رصدها بين شخصين، أو بين طرفين، أو بين دولتين، حيث إن القواعد المتبعة من قبل الأطراف في إدارة اللعبة يمكن تعميمها على مجمل العلاقات التي تنشأ بين الدول. كذلك نظرية اتخاذ القرار التي تذهب إلى أن أنماط السلوك السياسي بين وحدات النظام الدولي هي نتاج قرارات تتخذ من قبل فرد، أو مجموعة ضيقة من الأفراد يمارسون السلطة في دولهم بأعلى مستوياتها، وبالتالي، فإن السياسات المتبعة، داخلية كانت أو خارجية، هي في حقيقتها قرارات يتخذها فرد أو أفراد يمسكون بالسلطة العليا.

أما نظرية النظم فهي ترى أن الدولة عبارة عن وحدة نظامية تستقبل مؤثرات من البيئة الخارجية لتقوم بالتالي بالرد عليها بصيغة أفعال، أو أنماط سلوكية، وهكذا بالنسبة للنظريات الأخرى التي تعتبر أجزاء الظاهرة المدخل الحقيقي لوضع افتراضات أو تعميمات كلية شاملة.

الفصل الأول

نظرية اللعبة

تنطلق نظرية اللعبة من افتراض مفاده أن السلوك الإنساني هو نوع من اللعبة أو المباراة التي تتضمن المنافسة بين طرفين، يقدم كل منهما على تحركات يفترض بها أن تضمن له النجاح أو الفوز في نهاية المباراة التي يخوضها مع الطرف الآخر.

وعليه، فإن الأساس الذي تقوم عليه نظرية اللعبة، وكما يذهب (جون فون نيومان) و (أوسكار مور) يتمثل بكيفية انتقاء الحركة المناسبة والقدرة على معرفة التحرك القادم للخصم أو التنبؤ بتحركاته المحتملة، الأمر الذي من شأنه أن يؤمن أفضل النتائج المتوقعة كصيغة مثالية في العمل الإستراتيجي.(1)

أنصار نظرية اللعبة أو المباراة يحاولون أن يسحبوا هذا الافتراض إلى الواقع الدولي لتفسير جوانب متعددة ومتنوعة من التفاعلات الدولية أو العلاقات القائمة بين وحدات النظام الدولي وفي حالتي التعاون والصراع. بعبارة أخرى، أن هذه النظرية تفترض أن السياسة ببعديها التعاوني أو التصارعي ما هي إلا لعبة يحاول أطرافها انتقاء أفضل الحركات المقترنة بتوقع ما يمكن أن يقدم عليه الطرف الآخر لتحقيق أفضل إنجاز، وهذا يتطلب أمرين، أولهما: أن تكون الحركات التي ينوي أحد الأطراف اتخاذها صحيحة. وثانيهما: أن يكون رد فعل الطرف الآخر في حركته متوافقاً مع ما يريد الطرف الأول. وهكذا الحال بالنسبة للطرف الآخر. أما موقع القرار، أو القرار المراد اتخاذه في اللعبة فأنه يتمثل بالقرار الذي ينتقيه اللاعب - الطرف - باعتباره يجسد أفضل قرار لأفضل حركة يمكن الإقدام عليها.

وعليه، فإن نظرية اللعبة تقوم على تحديد السلوك العقلاني الذي يمكنّ اللاعب من الفوز في مباراته مع الطرف الآخر. وقد استخدم أنصار النظرية معيار السلوك العقلاني على أساس أنه يمثل النموذج الأكثر قدرة على جعل النظرية أصلح للتفسير، إذ ليس من المعقول أن يختار المرء خيارات أو أنماط سلوكية غير عقلانية لأوضاع تعَد مصيرية. بمعنى وكما يذهب جيمس دورتي، إذا أراد طرف ما وهو في وضع معين أن يحقق الفوز، أي تحقيق هدف معين يسعى الطرف الآخر منعه منه، فإن النظرية تقدم لهم الذهنية التي يستخدمونها لحساب السلوك الأفضل لهم آخذين بنظر الاعتبار أن الطرف الآخر بحسب حركاته بطريقة عقلانية أيضاً. وتقدم النظرية كيفيه حساب سلوك الطرف المقابل وكيفية التغلب عليه.(2)

ونظرية اللعبة تفترض وجود لاعبين اثنين يسعى كل منهما إلى تحقيق نتائج أفضل ومكاسب أكبر، إلا أن طريقة اللعب تأخذ أحد نموذجين:

النموذج الأول: وهو اللعبة الصفرية (Zero sum game) ومفادها، أن المكاسب التي يحققها الطرف (أ) تمثل الخسائر التي يفقدها أو يتكبدها الطرف (ب)، أي الربح المطلق أو شبه المطلق للطرف (أ)، وخسارة مطلقة أو شبه مطلقة للطرف (ب).

وفي هذا النموذج الصفري لا يهتم أي لاعب بالتكلفة التي يمكن أن يتحملها؛ لأن كل ما يهمه أو يعول عليه هو النتيجة التي يسعى أن تكون لصالحه. بعبارة أخرى، أن الإستراتيجية العقلانية التي يتبعها كل طرف تتمثل بزيادة مكاسبه إلى أقصى درجة ممكنة وتخفيف خسائره إلى أدنى درجة ممكنة، مع زيادة حجم الخسائر التي يتكبدها خصمه إلى أعلى درجة ممكنة وإضعاف فرص نجاحه إلى أدنى حدٍ ممكن(3). والملاحظ أن هذا النمط الإستراتيجي من نظرية اللعبة اتبعته الولايات المتحدة الأمريكية في حربها ضد أفغانستان عام 2001 وفي حربها مع العراق عام 2003 مع بعض التحفظات الاستثنائية على النتائج النهاية التفصيلية للحربين. كذلك يسعى

الكيان الصهيوني، وطيلة مراحل صراعه مع الأقطار العربية، أن يجسد النموذج نفسه، أي تحقيق أقصى درجات النجاح لإستراتيجيته المتبعة في الصراع مع أدنى إمكانية لنجاح إستراتيجيات الأقطار العربية.

أما النموذج الثاني: فهو اللعبة غير الصفرية (non Zero sum game)، وهي تفترض أيضاً وجود لاعبين، إلا أنها تنطلق من قواعد مغايره لتلك القواعد المتبعة في اللعبة الصفرية. فالخيارات المطروحة أمام كل من الطرفين هي أن لا يكبد أي منهما الآخر خسائر مفرطة أو يغلق أمامه فرص المكاسب المتوقعة أو التي يمكن أن يجنيها. كما يفترض بكل من الطرفين أن لا يتوقع تحقيق أقصى درجة من المكاسب. بمعنى أن كل طرف من أطراف اللعبة عليه أن يرتضي بقدر مقبول من الخسائر والمنافع على حدٍ سواء، وعلى نحو لا يحقق أي منهما ربحاً مطلقاً أو فوزاً شاملاً لصالحه، مع خسائر مطلقة أو شاملة لخصمه، إنما يكون هناك مستوى مقبول من الربح والخسارة لكل من الطرفان، ربح يحققه الطرفين مع خسائر يتحملها كل منهما.

في ضوء ما تقدم يمكن أن نلاحظ أن الفارق بين اللعبة الصفرية واللعبة غير الصفرية يكمن في طبيعة الفوز والخسارة. فعندما يتنازع طرفان على هدف معين فيفشل أحدهما وينجح الآخر في تحقيق الهدف، نكون أمام لعبة صفرية، ولكن إذا لم يتمكن الطرفان من تحقيق الهدف تماماً وسعيا إلى التساوم فيما بينهما للحصول على أقل من الهدف الأول، نكون هنا أمام النموذج غير الصفري، لذا فإن الألعاب الصفرية وغير الصفرية مرتبطة في تحديدها بالأطراف والنتائج والبدائل المطروحة لتحقيق الأهداف.

والتمييز بين اللعبة الصفرية وغير الصفرية لا يعتمد -كما يعتقد البعض- على إذا ما كانت نتيجة اللعبة هي بقاء طرف وزوال الطرف الآخر. ولكن التمييز يقوم على أساس الفوز الشامل أو الخسارة الشاملة لهدف معين وليس بالضرورة على وجود أو عدم وجود الأطراف المتصارعة.

وعليه فإن نتائج اللعبة الصفرية في صراعات ومنازعات عالم اليوم تبدو صعبة التحقيق إلا في استثناءات قليلة جداً، وذلك بسبب من عوامل عدة منها طبيعة الأسلحة التي بحوزة بعض القوى الدولية والإقليمية التي تتصف بالقدرة على التدمير الشامل، كذلك طبيعة التحالفات وتوازنات القوى الدولية، المصالح الاقتصادية المتداخلة والاعتمادية المتبادلة. كما وأن طبيعة الخسائر التي يمكن أن يلحقها طرف بآخر لا تستثنيه من أن يتكبد هو الآخر بخسائر باهظة. كل هذه الاعتبارات، وربما هناك أخرى غيرها، تخلق حالة من الردع المتبادل وتفرض قيوداً صارمة على حرية الأطراف وحركتهم تحول دون سعيهم لتحقيق نتائج مطلقة في حساب الربح المطلق في صراعاتهم مع الغير.

ü نماذج من التفكير في منطق اللعبة الصفرية / نظرية توماس شيلنج:

يعَّد توماس شيلنج من أبرز منظري نظرية اللعبة. وينطلق توماس شيلنج في نظريته من افتراض مفاده أن القوى الدولية، وفي إطار تعاملها مع بعضها وبسبب من وجودها ورغبة منها في ضمان هذا الوجود واستمراره، تسعى إلى تحقيق أهداف أساسية لضمان إنجازها، هذه القوى تتبنى سلوكيات معينة يفترض فيها أن تكون عقلانية. بمعنى آخر، أن السلوك السياسي في أية مواقف دولية متأزمة أو قضايا متصارع عليها يفترض أن يكون عقلانياً. ومن سمات السلوك العقلاني أنه لا يفترض استخدام العنف أو الاحتكام إلى منطق القوة العسكرية على نحو مباشر، إنما يلجأ إلى التهديد باستخدامها بطريقة غير مباشرة، وعندها تكون النتائج المرجوة أكثر فائدة من الناحية الإستراتيجية. ويرى شيلنج أن الأطراف المتصارعة أو المتعارضة إستراتيجياً تدرك، بشكل أو بآخر، أن ثمة مصلحة مشتركة تجمع بينهما، تتمثل على الأقل بتجنب خسائر متوقعة ومشتركة. كما تدرك أيضاً أن ثمة نقطة التقاء يمكن الوصول إليها للتخفيف من حدة الصراع أو تجنب المواجهة.

ويعتقد شيلنج أن السلوك العقلاني إذا كان يسعى إلى تجنب نتائج كارثية

أو خسائر يصعب تحملها فإنه سيدفع إلى الأخذ بنظر الاعتبار التنازل المحسوب الذي يقود إلى نقطة الالتقاء. ونقطة الالتقاء عند شيلنج هي الحَد الذي يقبل فيه طرفا اللعبة التنازل عن الأرباح في مستواها الأعلى، مقابل تنازلات مقبولة كحد أقصى. بمعنى أن كلا الطرفين يتنازلان عن بعض الأهداف مقابل ضمان مصالح مشتركة لا يمكن التفريط فيها. ويرى شيلنج أيضاً أن نظريته تزاوج بين الصراع والتعاون، وهي ممكنة التطبيق من الناحيتين النظرية والتطبيقية. ففي الحرب العالمية الثانية مثلاً لوحظ، حسب رأيه، الامتناع المشترك عن استخدام أسلحة الغازات، وكذلك الحال بالنسبة للأزمة الكوبية عام 1962، حيث أقدم السوفيت والأمريكان على تقديم تنازلات متبادلة تجنباً لكارثة نووية قد تحل بهما.

الفصل الثاني

نظرية النظام

استخدم مصطلح النظام لوصف طبيعة الأنماط السلوكية القائمة بين عناصر الظاهرة السياسية. ونظرية النظام استخدمت في ميدان العلاقات الدولية لتصف نسقاً من العلاقات بين المتغيرات السياسية، أو نسقاً من المتغيرات المتفاعلة فيما بينها. ومن بين الذين كتبوا في هذه النظرية (تالكوت بارسونز) الذي طرح تصوراً نظرياً يمكن استخدامه كأداة تحليلية أطلق عليها (نظام الفعل). ونظام الفعل عند (بارسونز) يعمل من خلال ثلاثة متغيرات الفاعل، والظروف، وموجهات الفاعل. فالنظام يدرك بدلالة هذه المتغيرات الثلاثة، وهو يعمل من خلال حركة الفاعل، وحركة الفاعل متأنية من موجهات. وهذه الموجهات قد تتمثل بالظروف أو المواقف المحيطة بالفعل فتعمل على تحريكها باتخاذ سياسات معينة. وقد تكون هذه الموجهات محكومة بمعايير قيمية أخلاقية وثقافية معينة، أو خبرة سياسية، أو أيديولوجية نابعة من الإيمان بفكرة معينة.(4)

وعليه، فإن النظام هو نتاج عملية التفاعل التي يقوم بها الفاعلون. ووجود النظام واستمرارية عمله متأتية بدورها من عنصر الرضا. فإذا شعر الفاعلون الأطراف في عملية التفاعل بالرضا والقناعة فإنهم سيعملون على تطوير هذه النتيجة المكتسبة من خلال المحافظة على النظام الذي قدم لهم ذلك. ومن هنا، فإن قبول أطراف عملية التفاعل بالنظام الذي جرت فيه العملية من شأنه أن يؤدي إلى خلق ميكانزم، أو توازن داخل النظام.(5)

ويعطي (بارسونز) أهمية كبيرة للتوازن كوسيلة لمعرفة استقرار أو عدم استقرار النظام وقدرته على معالجة المشكلات التي تؤثر في بنيته الهيكلية.

وإلى جانب (بارسونز) هناك (غابريل الموند) الذي يرى أن النظام يجسد أنماط من التفاعلات الموجودة في كل المجتمعات المستقلة. والنظام، نتيجة التفاعل بين عناصره، يقوم بوظيفة تحقيق التكامل والتكيف داخلياً وخارجياً من خلال استعمال أو التهديد باستعمال قدر من القوة والإكراه.

إلا أن (كارل دويتش) ينطلق من وجهة نظر أخرى، فالنظام عنده يتجسد بدرجة التفاعل وحرية تدفق ووصول المعلومات إلى صناع القرار لاتخاذ قرارات سياسية مناسبة. فالنظام، من وجهة نظره، هو القدرة على صناعة قرارات ملائمة في ضوء تدفق المعلومات وحرية وسهولة انتقالها إلى مراكز صنع القرار.

أما (ديفيد ايستن) فقد ركز في دراسته على النظم السياسية، وهو يعتقد أن حركة النظام السياسي تعتمد إلى حد بعيد على طبيعة المدخلات والمخرجات. فالمدخلات الرئيسية في النظام السياسي هي الحاجات والتدابير، في حين تُمثل المخرجات الرئيسية في القرارات التي تحدد نظام توزيع المكاسب.

وفي الواقع، فإن نظرية النظام وضعت افتراضاتها على الأنظمة السياسية، أي على ما يمكن أن يجري داخل الوحدات السياسية. إلا أن (مورتن كابلان) و (تشارلز ماكليلاند) و (جورج مودلسكي) قاموا جميعهم بسحب افتراضات هذه النظرية إلى مستوى النظام الدولي واعتبروها وسيلة لتطوير وفهم العلاقات الدولية. فبالنسبة لـ (مورتن كابلان)، ومن خلال دراسته للعلاقات الدولية، أعطى الـنظام معنى يتمثل في مجموعة المتغيرات المترابطة فيما بينها إلى درجة كبيرة ومتغايرة في الوقت نفسه مع بيئتها، وبينها علاقات داخلية تميزها عن مجموعة المتغيرات الخارجية. (أما ماكليلاند) فقد اعتبر نظرية النظم أداة لقياس وتفحص التفاعل داخل النظام ونظمه الفرعية، وأن هذه النظرية تعمل لتفحص العلاقات أو السلوك المتكرر الذي ينشأ في نظام معين، فيكون له رد فعل في نظام آخر.

أما (مودلسكي) فإنه يعرف النظام باعتباره إطاراً تقيمه متطلبات أو حاجات وظيفية أو بنيوية، والنظم الدولية تتكون من أهداف وعلاقات بين هذه الأهداف والقوى المرتبطة بها، كما أن هذه النظم الدولية تحتوي على نماذج الأفعال والتفاعلات بين الجماعات والأفراد الذين يعملون من أجل هذه الجماعات أما (ريتشارد روزكراينس) فيرى أن النظام يتكون من مدخلات متشابكة وأداة تنظيم تخضع للتغيرات نتيجة تأثير التشابك والاضطراب بين المتغيرات ثم القيود البيئية التي تترجم حالة الاضطراب وحالة أداة التنظيم على شكل استقرار أو عدم استقرار.

الواقع، أن (كابلن) هو أول من حاول الاستفادة من نظرية النظم في ميدان العلاقات الدولية ليضع نماذج نظرية للنظام الدولي. فاعتبر سلوك الأشخاص الدوليين تحدده عدد من القواعد التي يقبل بها هؤلاء من أجل استمرارية النظام، ومن أهم هذه القواعد مبدأ توازن القوى الذي يمثل الوسيلة الأساسية لبقاء النظام واستقرار.

أما (مارسيل ميرل)، فقد عمد إلى اعتناق مفهوم (النظام العالمي) للعلاقات الدولية خلال اقتراحه الذي يتضمن أن النظام العالمي هو مجموعة العلاقات يعرفها الأشخاص الدوليون الرئيسيون، أي الدول، والمنظمات الدولية، والقوى الوطنية. بينما بيئة النظام تضم مجموع العناصر (طبيعية، اقتصادية، ديموغرافية وأيديولوجية) التي تؤثر على هيكلية ووظيفة هذا النظام.

إن مفهوم (ميرل) هذا يؤدي إلى درس العلاقات المتبادلة بين الأشخاص الدوليين، وبالتالي إلى رؤية تراكم التناقضات التي ستنعكس فيما بعد على وظيفة أو عمل النظام وعلى طرق التوازن داخله. وهذه الرؤية التي يطرحها ميرل رغم أنها حديثة بالنسبة للذين يعتنقون مبدأ النظام، فأنها من ناحية أخرى تلتقي مع رؤية (كابلن) أن من جهة وحدة العلاقات المتبادلة، أو من جهة التوازن والاستقرار النسبي للنظام.

أما كتابات (والتز) فهي تعبر عن رؤية شمولية تأخذ بنظر الاعتبار التداخلات والمؤثرات السياسية والاقتصادية والجغرافية والتاريخية. وهو يعتبر أن الأنظمة السياسية كافة في التاريخ كانت تدور حول عمل وتأثير القوى الدولية الرئيسة. ويعتبر (والتز) أن النظام السياسي ينبغي أن يعبر عن:

1.المبادئ المنظمة لترتيب الوحدات الدولية التي تتعايش مع نظام لا مركزي.

2. طبيعة الوحدات الدولية ووظائفها، فالدول ستبقى الأساس في التفاعل داخل النظام.

3. توزيع عناصر القدرة والنفوذ التي تتمتع بها الوحدات داخل النظام.

من خلال التعاريف والشروح التي تقدمنا بها نجد أن التعريف الذي جاء به (برايار) يمكن اعتباره من أقرب التعاريف لتحديد ماهية النظام. يقول (برايار) إن النظام هو (مجموعة عناصر متفاعلة، يؤلف كلاً واحداً، ويُظهر تنظيماً معيناً)(6). ويعتمد هذا التعريف عند (برايار) على أربعة عناصر رئيسة: العناصر، التفاعل، الكلية، التنظيم. فبالنسبة للعناصر يرى (برايار) أن كل نظام يتألف من عناصر قد تكون وحدات، أو هويات، وذلك وفق النظام الذي نحن بصدده. أما التفاعل فهو نتيجة للعلاقات القائمة بين العناصر، إذ إنه لا يمكن الحديث عن نظام بدون علاقات تفاعلية. أما الكل المتكامل، أو الكل الواحد، فهو يمثل مجموع الأشخاص أو العناصر والعلاقات القائمة بينهم، وكل ذلك يظهر من خلال تنظيم معين يتحدد وفق العلاقات القائمة بين العناصر والالتزامات التي يتم التعبير عنها. ويتأثر هذا النظام بمحيطه من خلال المؤثرات الداخلة أو المدخلات (in puts) والنواتج أو المخرجات (out puts). وبما أن النواتج تتأثر بالمحيط الذي يمكن اعتباره نظاماً أشمل، أو نظاماً آخر مختلفاً، فإن هناك عملية تفاعل تؤدي إلى مدخلات جديدة.

وفي الواقع فإن هذا التعريف يقترب كثيراً مع وجهة نظرنا التي تذهب إلى أن النظام هو إطار تنتظم فيه جملة عناصر تدخل مع بعضها في عمليه تفاعل هادفة ومستمرة ويترتب عليها جملة نتائج غايتها إنجاز وظيفة معينة.

فالنظام يتكون أولاً من مجموعة عناصر تشكل مرتكزاته الحقيقية. وهذه العناصر تتواجد ثانياً في بيئة معينة، أو وسط معين. وثالثاً، هذه العناصر، وبسبب من وجودها، تدخل مع بعضها في عملية تفاعل. وهذه العملية، عملية التفاعل، ناجمة عن استلام تلك العناصر لمسببات، أو مؤثرات (مدخلات) من البيئة الخارجية حيث يتم التفاعل معها، لتأتي بعد ذلك مرحلة أخرى تتمثل بـ (المخرجات) أو المدلولات، وهي النتائج الناجمة عن عملية التفاعل التي تتخذ صيغة أفعال سلوكية، أو سياسات تترجم على أرض الواقع. وهي مرحة أخيرة يمثلها الأثر الراجع، أو التغذية العكسية باعتبارها أفعالاً نابعة من البيئة المحيطة في اللحظة التي يتم فيها ترجمة قرارات عناصرها إلى أفعال ملموسة، وهكذا تستمر عملية التفاعل بصيغة الفعل والاستجابة، أو الفعل ورد الفعل.

إن نظرية النظام، وبهذا المعنى، يمكن أن تفسر لنا آلية أي وحدة كيانية طالما أن هذه الوحدة الكيانية، تتكون من عناصر، ووسط تفاعلي، وعملية تفاعل، ونتائج مترتبة على عملية التفاعل. ولا تبتعد العلاقات الدولية، عند تحليلها، عن هذا المعنى، فالعلاقات بين وحدات المجتمع الدولي تتم في وسط تفاعلي بين عناصر أو وحدات سياسية، والتفاعل ناجم أساساً عن وجود حافز خارجي، وثمة استجابة منطقية لهذا الحافز مما يترتب عليه علاقة، أو رابطة من نوع ما.

الفصل الثالث

نظرية اتخاذ القرار

رغم أننا لا نميل إلى تصنيف نظرية اتخاذ القرار ضمن الدراسات المتخصصة في ميدان العلاقات الدولية، ذلك أن هذه النظرية هي أقرب إلى أن تكون إحدى النظريات المفسرة للسياسة الخارجية للدولة من كونها نظرية في العلاقات الدولية، بل تكاد تكون النظرية التي لا تنازع، من وجهة نظر بعض المختصين، لدراسة وتحليل السلوك السياسي الخارجي للدولة، وعلى وجه التحديد، دوافع السلوك السياسي لصناع القرار فيها. ومع ذلك، فقد ذهب البعض إلى إدراج نظرية اتخاذ القرار ضمن الأدب السياسي المعني بدراسة العلاقات الدولية. ويبدو أن مذهبهم هذا يحمل معه جانباً من الصواب إذا اعتبرنا أن العلاقة بين وحدة سياسية دولية وأخرى، وكما سبق لنا الإشارة، ما هي إلا نتاج قرار يترتب عليه سلوك سياسي يؤسس لتلك العلاقة.

يعتبر (ريتشارد سنايدر)، أستاذ العلاقات الدولية، رائد منهج اتخاذ القرار، وتحظى منهجيته في التحليل بنصيب وافر من العناية والاهتمام من قبل الدارسين والمعنيين بعلم العلاقات الدولية والسياسة الخارجية.

ينطلق (سنايدر) من افتراض مفاده، أن العلاقات الدولية ما هي إلا أنماط من التفاعل السلوكي بين وحدات النظام الدولي، وأن السلوك السياسي الخارجي، الذي هو الأساس في إقامة الروابط والعلاقات بين الدول، ما هو إلا قرار، أو جملة قرارات صادرة عن بيئة قرارية تضم العناصر أو الوحدات المسؤولة عن اتخاذها. ووحدة اتخاذ القرار تضم أشخاص عدة تناط بهم

مسؤولية رسم السياسة العليا للدولة. وهؤلاء الأشخاص الذين اصطلح على تسميتهم بـ (الوحدة القرارية) تؤثر فيهم عوامل عدة تدفع بهم إلى اتخاذ قرار معين.

والقرار هو تصور مدرك لوضع ما يراد بلوغه أو تحقيقه، أو هو تصور مدرك لحالة مستقبلية يراد الوصول إليها. أما اتخاذ القرار فيقصد به اختيار بديل محدد، أو قرار محدد، من بين بدائل أو قرارات عدة متنافسة باعتباره الأكثر قبولاً لتحقيق هدف ما، أو أهداف معينة. وعملية الاختيار هذه يفترض أن تكون نتيجة اقتناع منطقي لموازنة عقلانية بين التكاليف المتوقعة أو الواجب دفعها، والخسائر المحتملة أو التي يمكن تحملها من ناحية، والمنافع التي يمكن تحقيقها أو جنيها من ناحية أخرى من جراء اختيار قرار ما.

كما وأن عملية اتخاذ القرار، ولكي تكون معبرة عن عقلانية وصوابية اختياره، ترتبط بعوامل عدة، أو أنها تفترض جملة اعتبارات منها:

1. وضوح فكرة الهدف في ذهن القائد السياسي وسط الأحداث الإقليمية والدولية المعقدة، وعلى نحو تدفع به، أي بالقائد السياسي، إلى تفضيل قرار دون غيره. ولا بد من الأخذ بعين الاعتبار أن غياب الموضوعية وترجيح كفة المشاعر والانفعالات والتقلبات المزاجية والقياس وفق نظام صارم للقيم والمعتقدات أو التعصبات الأيديولوجية، فضلاً عن عامل التحيزات الشخصية. كل هذه الاعتبارات إذا كانت مهيمنة على إدراك وذهنية القائد السياسي فإنها قد تنتهي به إلى اختيار قرارات خاطئة تفوق نسبة الخسائر فيها الأرباح والمكاسب المتوقعة.

2. درجة الدقة في حساب وتقييم الاحتمالات المترتبة على اتخاذ أو اختيار قرار ما. ذلك أن عدم التقدير الصائب في عملية الموازنة بين طبيعة الأهداف الخارجية المراد تحقيقها، أو ضعف القدرة على التقييم الشامل والدقيق لعناصر ومكونات قوة الأطراف الأخرى، وحقيقة أو طبيعة الإمكانيات والقدرات التي بحوزة القائد السياسي قد تؤدي هي الأخرى إلى اتخاذ قرارات تنطوي على خسائر فادحة وغير مقبولة.

3. القدرة على تطويع الإمكانات والوسائل المتاحة لتحقيق الهدف النهائي. ذلك أن الإمكانات والقدرات، مهما بلغت، تبقى معطلة ولا قيمة لها ما لم تقترن بإرادة قادر على توظيفها لتتحول القرارات إلى سياسات وسياقات عمل لإنجاز الأهداف المقررة.(7)

وعموماً يمكن القول، إن عملية اتخاذ القرار تمر بجملة مراحل تبدأ أولاً بوجود حافز خارجي يواجه صانع القرار ويثير اهتمامه. المرحلة الثانية تتمثل بإدراك صانع القرار لهذا الحافز، وعملية الإدراك هذه ترتبط بنشأة الحافز وطبيعة الأهداف التي يحملها صانع القرار. وهنا يلعب الإدراك، أو الكيفية التي يدرك بها صانع القرار للحافز الخارجي وطبيعة ونوعية المعلومات التي تصل إليه بخصوص هذا الحافز، دوراً كبيراً في اتخاذ القرار، فالانطباعات الخاطئة والمعلومات غير الدقيقة عن طبيعة الحافز الخارجي غالباً ما تقود إلى اتخاذ قرارات غير سليمة.

المرحلة الثالثة، وهي مرحلة جمع المعلومات. فما أن تتم عملية إدراك الحافز الخارجي حتى تنصرف الأجهزة والمؤسسات المعنية إلى جمع المعلومات عنه، وهي معلومات تتعلق بطبيعة الحافز ونوعيته ومضمون أو حقيقة التهديد الذي يحمله.

يلي ذلك مرحلة رابعة يجري فيها تصنيف المعلومات وتحليلها وتفسيرها. وتعتبر هذه المرحلة، التي تسبق اتخاذ القرار، على قدر كبير من الأهمية، ذلك أنها تكوِّن صورة متكاملة عن طبيعة الحافز الخارجي. ودوافعه وأهدافه. كما أن أهميتها متأتية من مدى مطابقة التفسيرات والتحليلات لميول القائد السياسي ومدى اقترابها أو ابتعادها عن نسقه العقيدي ورؤيته الذاتية أو الشخصية لهذا الحافز.

وما أن تنتهي جميع هذه المراحل حتى تكون الصورة واضحة تماماً عن حقيقة وطبيعة الحافز الخارجي لاتخاذ قرار بشأنه. ولا تمثل مرحلة اتخاذ القرار المرحلة الأخيرة، فيما يتعلق بالتعامل مع الحافز الخارجي، إنما هناك

مرحلة أخرى مكملة لها وهي مرحلة متابعة القرار المتخذ وطريقة إدارته وتحديد السبل والإجراءات الضرورية حتى يتمكن من إنجاز وتحقيق الأهداف المرجوة من اتخاذه.

ومما تجدر الإشارة إليه، هو أن كل خيار أو كل بديل يراد اتخاذه بشأن حافز معين أو محدد فأنه يطرح جملة احتمالات وعلى صانع القرار أن يأخذها بعين الاعتبار. فلو افترضنا أن الحافز الخارجي طرح جملة خيارات أو بدائل عدة لمواجهته (مثلاً الخيار أ، أو الخيار ب، أو الخيار جـ) وكان على صانع القرار أن يختار واحداً منها، فإن عليه، والحالة هذه، أن يضع في حسابه النتائج المحتملة على اختيار أي بديل من هذه البدائل.

من هنا توصف عملية اتخاذ القرار المناسب، وكما سبقت الإشارة، بأنها عملية اختيار عقلانية توازن بين المنافع التي يمكن تحقيقها، والخسائر التي يحتمل التعرض لها. وعليه فإن القاعدة التي تبنى عليها عملية اتخاذ القرار هي قاعدة تعظيم المنافع وتجنب الخسائر أو التقليل منها قدر الإمكان.

ونحن نعالج موضوع اتخاذ القرار علينا أن نؤكد أن هذه العملية، عملية اتخاذ القرار، تختلف عن عملية صنعه، أي عملية صنع القرار. وهذا التمييز يمكن أن يظهر لنا في ثلاثة مستويات:

1. المستوى الوظيفي: وضمن هذا المستوى تختص عملية صنع القرار بآلية تكوين القرار أو وظيفة الأجهزة والمؤسسات التي تسهم أو عملية تشكيله. أما عملية اتخاذ القرار فإنها تختص بآلية انتقاء القرار، واختياره بعد تَشكُّلة، حيث يمثل واحداً من بين القرارات الواجب اتباعه باعتباره يمثل القرار الأكثر عقلانية أو الأكثر نفعاً في تحقيق المصلحة العليا للدولة.

2. المستوى البنيوي: وفيه تكون عملية صنع القرار نتاج بنية مؤسساتية تعكس جهداً جماعياً تشترك فيه أجهزة ومؤسسات عدة تسهم كل منها،

حسب اختصاصها، في عملية صنع القرار. في حين تنحصر عملية اتخاذ القرار بمجموعة ضيقة من الأشخاص يتربعون على قمة السلطة. وغالباً، إذا لم نقل في جميع الأحوال، تنحصر مسؤولية اتخاذ قرار من القرارات، أو ترجيح بديل معين من بين مجموعة بدائل، بشخص واحد هو الزعيم أو القائد السياسي.

3. المستوى المرحلي: حيث إن عملية صنع القرار تسبق عملية اتخاذ القرار، إذ إن الأولى (صنع القرار) تمهد للثانية (اتخاذ القرار) والعملية الثانية (اتخاذ القرار) تعد امتداداً للأولى (صنع القرار) واستكمالاً لها.

ولابد من الإشارة هنا أن عملية اتخاذ القرار تتأثر بثلاثة أبعاد رئيسة هي:

1. البعد الذاتي أو النفسي للزعيم السياسي: إن إدراك الزعيم السياسي للحافز الخارجي الذي يتعامل معه ويكون بصدد اتخاذ قرار بشأنه يتأثر، وإلى حدٍ بعيد، بمنظومه القيم والمعتقدات التي يحملها ويؤمن بها، كذلك عوامل تنشئته الاجتماعية، ومستوى ثقافته وخبرته السياسية، وطبيعة أفكاره وتصوراته المسبقة، ودرجة انحيازه وتحزباته الشخصية. وعلى هذا، فإن القائد السياسي يتعامل مع معطيات البيئة الخارجية وفقاً لطبيعة مكونات شخصيته الفكرية وعوامل بنائه النفسية والثقافية وتجربته التاريخية(8).

2. البيئة الداخلية: ويقصد بها تلك القوى السياسية والعوامل الاجتماعية التي يمكن رصد حركتها داخل المجتمع وتلعب دوراً مؤثراً في مجريات الأحداث والحياة السياسية، كالرأي العام وجماعات الضغط والمصالح، والأحزاب السياسية، فضلاً عن العوامل الفكرية والحضارية، ونمط الحياة الثقافية. جملة هذه المعطيات لا يكون بمقدور صانع القرار تجاهلها، كما لا يمكن نكران دورها عند اتخاذ قرار معين.

إن البيئة الداخلية بكل أوضاعها ومكوناتها قد تضغط على القائد السياسي لاتخاذ قرار معين أو تمنعه من اتخاذ قرار ما. كما وأن طبيعة

النظام السياسي، فيما إذا كان ديمقراطياً أو غير ديمقراطي، تؤثر هي الأخرى في علمية اتخاذ القرار السياسي. فالملاحظ أن الأنظمة الديمقراطية تتيح مجالاً لعمل الأجهزة الرسمية والمشاركة السياسية، ومثل هذا الأمر يوسع من نطاق المداولات والمشاورات التي تجري بشأن موضوعات القرارات الخارجية، وهذا على خلاف الأنظمة الشمولية أو المركزية التي تحصر العملية السياسية في أضيق الحدود لتجعل منها عملية رسمية لها خصوصية سياسية أكثر من كونها عملية شعبية أو مؤسساتية.(9)

3. البيئة الخارجية: تضم البيئة الخارجية مجموعة القوى الإقليمية والدولية المؤثرة التي لها علاقة بالموقف الذي يراد اتخاذ قرار بشأنه. فالقائد السياسي يوجه اهتمامه إلى الوحدات الدولية التي ترتبط من قريب أو من بعيد بالموقف الذي يواجهه ويعتقد أن لها تأثيراً كبيراً على أهدافه وحركته الخارجية. من هنا فإن القائد السياسي يكون أكثر ميلاً إلى إدراك ما تفعله تلك الوحدات من إدراكه لما تفعله الوحدات الدولية الأخرى ويعتقد أنها لا تؤثر كثيراً على تلك الأهداف.(10) وهنا أيضاً، يكون على القائد السياسي أن يدرك جملة معطيات منها، طبيعة التحالفات الدولية المضادة، ما هي درجة الربط أو طبيعة العلاقة بين بعض الوحدات الدولية والقرار المراد اتخاذه والهدف الذي يتوخى إنجازه، وما هو الأثر المترتب على اتخاذ قرار ما من غيره بالنسبة لتلك الوحدات، وما هو السلوك المتوقع أو المحتمل الذي يمكن أن يضاف إلى الموقف الذي يتعامل معه.

هوامش الباب الثاني

1. يعَّد توماس شيلنج أبرز من كتب في نظرية اللعبة، أو المباريات عندما عالج موضوع الصراع الدولي ودوافعه والقواعد أو المبادئ التي تتحكم بالأطراف المتصارعة: راجع مؤلفه:

.Thoms C. Shelling, The Strategy of Conflict, N.Y. Oxford Univer. Press, 1963. pp. 9-21

2. انظر بذلك: جيمس دورتي، وروبرت بالستغراف، النظريات المتضاربة في العلاقات الدولية، ترجمة: د. وليد عبد الحي، توزيع مركز أحمد ياسين، عمان، 1995 ص 377.

3. المرجع نفسه، ص 339.

4. المرجع نفسه، ص 104.

5. المرجع نفسه، ص 105.

6. Braillard P., The orie des systemes et relations internationals, Bruxelles, Bruyant, 1977.

7. انظر بذلك:

Andrew Scott, The Functioning of International Politics System, The Macmillan Company, New York, 1967, pp, 70-150.

8. راجع بذلك:

Harold Sprot, Environmental Factors in the study of International politics, New York, The free press, 1969, p. 74.

9. للتفاصيل يمكن الرجوع إلى د. إسماعيل صبري مقلد، العلاقات السياسية الدولية، دار فاطمة للنشر، الكويت، 1971، ص 251.

10. للتفاصيل راجع:

Alexander L. George, Approach to study of political Leaders and decision makings, International studies quarterly, 13 gun, 1969, p. 195.

الباب الثالث

النظريات الكلية في
للعلاقات الدولية

مقدمة

ثمة اتجاه في التحليل يذهب أنصاره إلى تفسير الظاهرة السياسية الدولية تفسيراً كلياً ومن خلال إطار شمولي يسهم في تشكيل انطباعاتنا عن دوافع السلوك وأنماط العلاقات وطبيعة الروابط بين الدول. بمعنى، أن هذه النظريات تتمتع برؤية شمولية تعين على كشف الخصائص التي يتميز بها المجتمع الدولي وطبيعة العلاقات القائمة بين أعضائه، وهي علاقات إما أن تكون تصارعية، أو تعاونية، أو أنها تجمع بين الاثنين معاً (صراع وتعاون) وبالتالي فإن العلاقات ما بين الدول لا تخرج عن هاتين الحالتين الشموليتين، وأن كلاً من الحالتين التصارعية والتعاونية، محكومتان بعامل المصلحة القومية. فإذا كانت هذه المصالح، أي مصالح أعضاء المجتمع الدولي، أو البعض منهم، متعارضة، متفاوتة، أو متناقضة، فإن هذا الواقع يدعو إلى الصراع. أما إذا كانت هذه المصالح تعبر عن قدر عال من التوافق والرضا، ورغبة حقيقية في تحقيق أهداف مشتركة، فإن هذا من شأنه أن يدفع بهذه الأطراف إلى اتباع أنماط من السياسات التعاونية تحقيقاً لغايات ورغبات مشتركة.

في الواقع، أن الطرح الشمولي ينطوي على ثلاث مقاربات فكرية، المقاربة الأولى ترى أن المجتمع الدولي مكون من دول مستقلة ذات سيادة وتتم علاقاتها فيما بينها من خلال مصالحها القومية والبحث عن السلطان في ظل توازن القوى. وهذا ما نهجت عليه المدرسة الواقعية. المقاربة الثانية تذهب إلى أن المجتمع الدولي قائم على أساس الهيمنة والاستغلال، فهناك دول قوية تهيمن على الدول الأقل منها أو الدول الضعيفة وتعمل على استغلالها. فالعلاقات الدولية تجسد هذه الثنائية في العلاقة بين مراكز قوى متبوعة وأطراف أخرى تابعة. المقاربة الثالثة تنطلق من تصّور مفاده أن المجتمع

الدولي هو مجتمع عالمي، أو هو جماعة عالمية تتميز بالعلاقات عبر الوطنية القائمة بين أفرادها. وعليه، فإن عالم اليوم يجسد هذا النمط من العلاقات بين فواعل دولية وتجمعات بشرية تتداخل العلاقات فيما بينها، كما تتنوع مضامينها وأهدافها.

وفي ضوء ما تقدم سنعالج هذه المقاربات الفكرية من خلال التطرق إلى جملة نظريات توصف بالنظريات الشمولية.

الفصل الأول

نظرية القوة /الواقعية السياسية

نظرية القوة هي نتاج تأملات منظري مدرسة فكرية في العلاقات الدولية عرفت بالمدرسة الواقعية جاءت كرد فعل على أفكار المدرسة المثالية التي اعتمدت في طروحاتها على الدور الذي يمكن أن تلعبه القواعد القانونية الدولية والمنظمات الدولية لإقامة تنظيم أفضل للعلاقات الدولية. هذه المدرسة، المدرسة المثالية، تعتبر أن سبب الحروب يعود إلى الطبيعة الأنانية والشريرة التي تحكم السلوك البشري، وأن الوسيلة الرئيسة لتجنب الحروب والنزاعات تكمن في تجاوز نزعة الشر والحدّ من الميول الأنانية وضبط الاندفاعات لتحقيق المصلحة الوطنية، وهذا لن يتم إلا من خلال بناء عالم جديد يقوم على احترام الأخلاق والقانون. كما وأن التخلي عن الدبلوماسية السرية لرسم سياسات غير معلنة يسهم من جانبه في تعزيز دور الرأي العام كموجِّه لسياسات الحكومات في اتجاه غير عقلاني. وكما تؤمن المدرسة المثالية بوجود مصالح أنانية ودوافع شريرة تحرك النفس البشرية وتثير أطماع رجال السياسة للجنوح إلى وسائل القوة والحرب لتحقيق هذه المصالح، فأنها تؤمن أيضاً بوجود قواعد ومقاييس أخلاقية مطلقة، إلا أن هذه القواعد والمقاييس غالباً ما يتم إسقاطها أو التغافل عنها بقصد أو من غير قصد، ليدخل العالم على أثرها في حالة من الفوضى وعدم الاستقرار وغياب الأمن.(1)

إلا أن هذه المدرسة، بطروحاتها النظرية، سرعان ما أصيبت بانتكاسة فكرية نتيجة الفشل الذي منيَّت به عصبة الأمم التي عجزت عن ضبط سياسات سباق التسلح والحدّ من الطموحات القوية لبعض القوى الأوربية

الساعية إلى تغيير الأوضاع القائمة لصالحها كألمانيا وإيطاليا. هذا فضلاً عن عجزها في تطبيق نظام الأمن الجماعي. كل هذه العوامل، بقدر ما مهدت لاندلاع حرب عالمية ثانية في نهاية النصف الثاني من القرن العشرين، فإنها قوضت الأساس الفكري الذي قامت عليه المدرسة المثالية لتحل محلها المدرسة الواقعية، منطلقة في طروحاتها ونظرتها للعلاقات الدولية من زاوية ما هو قائم فعلاً (عالم الوقائع المادية)، وليس من زاوية ما ينبغي أن يكون (عالم الافتراضات المثالية).

يرى الواقعيون أن عالم ما هو قائم يجسد حقيقة أن المجتمع الدولي هو حصراً مجتمع الدول ذات السيادة، وأن العلاقات بين هذه الدول، وكما يذهب (ريمون آرون) هي التي تشكل أساس العلاقات الدولية بامتياز. وأن جوهر هذه العلاقات هي التي يمكن وصفها كعلاقات بين الدول. وأن هذه الدول، وبسبب من حتمية وجودها وحرصها الشديد على ضمان هذا الوجود وحمايته واستمراره يكون من الطبيعي أن تتبع سياسات تحقيقاً لهذه الغاية، ذلك أن وجود الدولة وحماية كيانها يمثل مصلحة عليا لا تدانيها مصلحة أخرى. إلا أن الملاحظ، في عالم ما هو قائم، أن مصالح الدول غالباً ما تتصف بكونها غير متناسقة كما هي غير متوافقة، بل هي متعارضة ومتضاربة إلى الحد الذي يقود ببعضها إلى الدخول في نزاعات وصراعات وحروب. وهنا لا تشكل الإمكانات والقدرات المتاحة للدولة عاملاً مغرياً بالدفع نحو الصراع فحسب، أنما تلعب أيضاً دوراً مهماً في تحديد نتائج الصراع لصالح الدولة التي تتفوق فيها.

وعلى خلاف ما يذهب إليه أنصار المدرسة المثالية، يعتقد الواقعيون أن الطبيعة البشرية ثابتة، أو على الأقل يصعب تغييرها بسهولة، فالإنسان ليس مجبولاً على حب الخير والفضيلة، وثمة قيود قوية حول المدى الذي تستطيع فيه الإصلاحات السياسية أو التعليم أو الثقافة أن تغير من هذه الطبيعة. فالإنسان ينزع للشر والخطيئة وامتلاك القوة. وهكذا الحال بالنسبة للدول

التي يقودها أفراد يحملون ذات الطبيعة البشرية، إذ يجدون في القوة الوسيلة الأكثر نجاعة وفاعلية في تحقيق مصالح دولهم. ومما يزيد من قناعة أنصار المدرسة الواقعية بصواب منطلقاتهم النظرية الصعوبة الواضحة في تحقيق السلام الدولي عن طريق القانون الدولي والمنظمات الدولية وغياب حكومة عالمية قادرة على فرض إرادتها على أعضاء المجتمع الدولي، ذلك أن المجتمع الدولي يختلف عن المجتمع الوطني، أو المجتمع المؤطر داخل دولة واحدة، حيث تتوافر سلطة عليا آمرة وقاهرة وقادرة على أن تفرض إرادتها على كل من يتواجد ضمن سلطانها. أما المجتمع الدولي، أو البيئة الدولية، فإنها تفتقر إلى وجود مثل هذه السلطة، فالدول جميعها متساوية في السيادة ولا توجد سلطة عليا تعلو بإرادتها على هذه السيادة. بل إن الدول لا تعترض بسلطة أعلى منها لما تمثله من انتقاص لسيادتها وتقيد لحرية حركتها.(2)

كل هذه الاعتبارات تجعل من مسألة القوة، وليس الأخلاق والقواعد القانونية الدولية، هي الخيار الأكثر قبولاً من الناحية الواقعية، لحماية مصالح الدولة وضمان تحقيقها. إلا أن الإشكالية تكمن هنا في طريقة القوة وتنظيم سبل استخدامها. إذ مما لاشك فيه أن الدول القوية سوف تسعى إلى الهيمنة وفرض إرادتها على الآخرين مما يلحق الأذى بمصالحهم.

ولمواجهة مثل هذا التحدي الذي تفرضه الدول القوية تمثل سياسات التحالف في إطار المحاور والمحاور المضادة خير وسيلة لخلق حالة من التوازن لمعادلة نفوذ الدولة أو الدول القوية.

وهنا يمثل توازن القوى أحد أهم السبل في مواجهة التحديات الخارجية، ذلك أن عناصر القوة عندما تتساوى، أو تتعادل بين مجموعة من الدول، أي عندما تكون هناك مجموعة قوى متعادلة أو متوازنة فيما بينها في عناصر قوتها، يكون من المتعذر على أي منها أن تسعى للهيمنة.

ويذهب أنصار المدرسة الواقعية إلى أن المبادئ المعنوية أو الأخلاقية، بل وحتى القواعد القانونية الدولية، جميعها يصعب تحقيقها أو تطبيقها على

النظريات الجزئية والكلية في العلاقات الدولية

السلوك السياسي الخارجي للدولة وهي تسعى إلى تحقيق مصالحها. والمسألة في النهاية تتحدد بالسؤال التالي: إلى أي مدى يستطيع القائد السياسي أن يحقق أهداف سياسته الخارجية دون تعريض الدولة التي يمثلها للخطر؟

ولأن القائد السياسي يعمل في نطاق بيئة دولية تختلف عن البيئة المحلية في فقدانها للسلطة أو المعايير المشتركة للسلوك السياسي، فإن المعايير التي تحكمه، في البيئة الدولية، تختلف عن تلك التي تحكم السلوك السياسي داخل الدولة.(3)

في ضوء ما تقدم يمكن القول، إن أوجه الاختلاف بين المدرستين، المثالية والواقعية، يكمن في أن الأولى ترى في تبني المنهج التطبيقي المجسد ببيئة دولية تتولى مؤسساتها الحفاظ على السلم والأمن الدوليين من خلال تطبيق القواعد القانونية والمعايير الأخلاقية على السلوك السياسي الخارجي للدولة هو خير ضمان يضبط إيقاع حركتها والحد من ميولها ورغباتها أو تطلعاتها واندفاعاتها في سعيها لتحقيق مصالحها. في حين تنطلق المدرسة الواقعية من اعتبار أن العالم الواقعي طالما يفتقر إلى مؤسسات الضبط والتنظيم، أو أنه يتصف بوهن أدائها في حال وجودها في الحفاظ على السلم والأمن الدوليين وتحقيق مصالح الدول المتواجدة فيه على أسس العدل والمساواة، هذا إذا أضفنا إلى ذلك ما يتملك الدول من نزعات قوية ودوافع أنانية لتحقيق مصالحها، فأنه لا سبيل والحالة هذه للحد من هذه الاندفاعات غير المنضبطة إلا بوجود قوى قادرة للوقوف بوجهها، وهو لا يتم إلا عن طريق توازن القوى حيث تقف كل منها لوحدها أو بالتحالف مع غيرها في مواجهة القوة أو القوى الساعية لأحداث التغيير في الأوضاع القائمة.

كان للمدرسة الواقعية العديد من المنظرين يأتي في مقدمتهم (راينولد نيبور) الذي ينطلق في نظريته من فكرة أن الإنسان ملطخ بالخطيئة فهو مهيأً للشر، وبالتالي فهو قادر على القيام بالأعمال الخطيرة والشريرة. ومثل هذه الخصائص المتأصلة في الذات البشرية تنعكس على سلوك الأفراد، كما

تنعكس أيضاً على السياسة الدولية. فالسياسة الدولية هي صراع من أجل القوة، وأن القوة القومية ليست إلا انعكاساً لإرادة الأفراد من أجل تحقيقها. ويرى (نيبور) أن استخدام الدولة لقوتها لا يكون لغرض تحقيق مصالحها فقط، إنما أيضاً لتحقيق العدالة وتحقيق العدالة لا يتم إلا بأداة أو وسيلة تنظيمية هي توازن القوى الذي يشكل القاعدة التي تبنى عليها مسألة العدالة، سواء على صعيد العلاقات الإنسانية أو الدولية، وعندما ينتفي التوازن بين القوى الاجتماعية، أو بين القوى الدولية، لا يمكن، والحالة هذه، لأية دعوات أخلاقية أو عقلانية أن تحقق العدالة.(4)

إلى جانب (نيبور) يقف (نيكولاس سبيكمان) الذي ذهب إلى أن العدالة، ولكي تضمن بقاءها واستمرارها، عليها أن تجعل هدفها الأول في سياستها الخارجية هو الحفاظ على قوتها، أو زيادة هذه القوة. ولأن القوة في معناها الأخير تعني القدرة على خوض غمار الحرب، فإن الدول تؤكد دائماً على أهمية بناء قوتها العسكرية.(5)

وينطلق (سبيكمان) في تحليلاته لموضوع توازن القوى من منطلق جيوبولتيكي، فلاحظ أن هناك بعض القوى في آسيا يمكن أن تشكل في سياساتها قوى توسع في القارة الأسيوية الأمر الذي سيخلق مشاكل أمنية للولايات المتحدة الأمريكية، وهذا يفرض عليها أن تقيم تحالفات في أوربا وآسيا على أساس من توازن القوى لمواجهة هذه القوى الصاعدة كالاتحاد السوفييستي والصين. وربما كانت هذه الأفكار واحدة من الحوافز القوية التي دفعت بالولايات المتحدة الأمريكية إلى تطويق الاتحاد السوفييستي بالأحلاف لمنع انتشار نفوذه في القارتين الأوربية والأسيوية، فتشكل حلف شمال الأطلسي عام 1949 في أوربا، وفي آسيا عقدت معاهدة الأمن المتبادل بين الولايات المتحدة واليابان عام 1951 ومعاهدة الأمن المتبادل بين الولايات المتحدة وكوريا الجنوبية عام 1953، وحلف جنوب شرق آسيا (السيتو) عام 1954، وحلف بغداد عام 1955 الذي تحول فيما بعد إلى حلف المعاهدة المركزية (السنتو) عام 1958.(6)

النظريات الجزئية والكلية في العلاقات الدولية

ومن أنصار المدرسة الواقعية أيضاً (فردريك شومان) الذي بنى نظريته على فكرة مفادها، أن العلاقات بين الدول تفتقر إلى عنصر الثقة طالما أن كل دولة لا تملك سلطة ضبط سلوك الآخرين ولا تعرف كيف ستتصرف الدول الأخرى، الأمر الذي يدفع بكل دولة أن تتوقع الأسوأ من غيرها. لذا فإن على كل دولة، ومن أجل الحفاظ على ذاتها، أن تعمل للقضاء على أي تهديد محتمل لها من الدول المجاورة أو المنافسة، وأن القوة لوحدها هي القادرة على تأمين هذه الغاية أي أضعاف المنافسين والقضاء على الأعداء المحتملين حفاظاً على وجود الدولة وحماية أمنها. والقوة عند (شومان) هي القوة العسكرية أو القدرة على القتال. وفي مثل هذا الوضع يكون الخيار المنطقي هو بناء القوة الذاتية للحفاظ على الذات والعمل على زيادتها كلما سنحت الفرصة للإقدام على ذلك. ومن هنا فإن السلام ليس هدفاً سياسياً على الإطلاق، ولكنه فرصة لتعزيز القدرات التي تمتلكها الدولة.

وفي نظام دولي، أو أوضاع دولية كالتي يتصورها (شومان) يصبح توازن القوى ميكانيزماً منظماً ومهماً، فالدول الأعضاء في هذا النظام، ومن أجل الحفاظ على نفسها، ستتوحد ضد أي خطر يتهددها جميعاً، ومثل هذا السلوك يكبح طموحات الدول الكبرى للهيمنة على العالم. وهكذا فإن النظام الدولي باق ما بقي استقلال الدول محفوظاً، وهذه النتيجة تؤدي إلى خلق توازن في القوى.

وعرفت المدرسة الواقعية أيضاً (هانز مورغنثاو) الذي يعتبر من أكثر منظريها وضوحاً وصراحة في تفسيره للعوامل المتحكمة بالعلاقات ما بين الدول.(7)

ينطلق (موركنثاو) في تفسيره للعلاقات الدولية من فكرة مركبة تنطوي على ثنائية القوة - المصلحة. فالدافع الأساسي لكل دولة يتجسد بتحقيق مصلحتها القومية المتمثلة بحماية وجودها المادي كوحدة دولية في المجتمع الدولي وبكل مقوماته الفكرية والحضارية والثقافية والمجتمعية من أي اعتداء خارجي قد يترتب ضدها، لتصبح المصلحة القومية هي البقاء الذي يعني

وحدة أراضي الدولة والحفاظ على سلامتها وحماية مؤسساتها. فالمصلحة هي جوهر الفعل السياسي الخارجي وغايته.

إلا أن تحقيق المصلحة القومية بهذا المعنى يتطلب أن تمتلك الدولة قدراً من القوة يعينها على إنجاز هذه الغاية. وبهذا تصبح ثنائية القوة - المصلحة هدفاً ووسيلة كل منهما يقود إلى الآخر. فمصلحة الدولة تقتضي أن تكون قوية لحماية كيانها وتحقيق أهدافها. كما وأن امتلاك عناصر القوة هو الذي يحقق أهداف الدولة ومصالحها العليا. هذه الجدلية تدفع إلى القول إن القوة تكون وسيلة لتحقيق المصالح. إذ لا مصالح بدون قوة قادرة على تحقيقها أو حمايتها. وهي غاية تنشدها الدولة لحماية مصالحها. والمصلحة تكون هي الأخرى غاية ووسيلة في آن واحد. هي غاية بقدر ما تسعى كل دولة إلى تحقيقها. وهي وسيلة لأن تحقيق المصالح يسهم بالمحصلة في زيادة قوة الدولة..وهكذا كلما حققت الدولة مصالحها كانت قوية، وكلما كانت الدولة قوية تمكنت من تحقيق مصالحها.

من هذا المنطق يرى موركنثاو أن جوهر السياسة الدولية هو الصراع من أجل القوة، وأن القوة هي وحدها القادرة على تحقيق المصلحة.

هذا من ناحية، ومن ناحية أخرى، وفي ضوء المبادئ التي تحكم هذا المنطق، يرفض موركنثاو تطبيق المبادئ الأخلاقية على سلوك الدول. فالدولة في سعيها لتحقيق مصلحتها القومية تكون محكومة بمبادئ وقيم وأخلاقيات تختلف عن المبادئ والقيم التي تحكم الأفراد في علاقاتهم الشخصية، والنتائج السياسية لسياسة معينة هي في الحقيقة معيار الحكم على هذه السياسة من حيث نجاحها أو فشلها. بل إن الخلط بين القيم الفردية وقيم الدولة يقود لكارثة قومية، ذلك أن المسؤولية الأولى لرجل الدولة هي الحفاظ على بقاء الدولة. وهذا الالتزام السياسي يتطلب أخلاقيات تختلف عن تلك التي تحكم الأفراد. وبهذا تتميز الواقعية السياسية بتأكيدها على استقلالية الظاهرة السياسية بارتباطها بمعايير سياسية تختلف عن تلك المعايير التي تحكم

العلاقات الاجتماعية. فكما أن القانوني ملزم باحترام القواعد القانونية، فإن السياسي الواقعي مطالب بمتابعة مدى تأثير سياسته على قوة الدولة وقدرتها على تحقيق مصالحها العليا.

وتتميز سياسات الدول بأنها إما أن تهدف إلى الحفاظ على القوة، وفي هذه الحالة فإنها سياسة للحفاظ على الأمر الواقع أو الوضع القائم، وإما من أجل زيادة القوة، وهذا يعني بأنها تصبح أما سياسة توسع استعماري، وإما لإظهار القوة، وهي في هذه الحالات سياسة لتحقيق الهيبة والهيمنة وفرض النفوذ.

وهكذا، وفي الوقت الذي يؤكد فيه (موركنثاو) أن جميع الدول، وعلى اختلاف أوضاعها السياسية والاقتصادية والاجتماعية، تلتقي في جميع الأزمنة على الصراع من أجل القوة، فإنه لا يعترف، من ناحية أخرى بالدور الذي يمكن أن تلعبه المنظمات الدولية، كما لا يعترف بأية فاعلية للقانون الدولي، إذ كلاهما، ومن وجهة نظره، لا يعين الدول في تحقيق مصالحها أو يضمن حمايتها عندما تتعرض للخطر، حيث لا سبيل أمام الدول والحالة هذه إلا بالاعتماد على ذاتها، أي بالركون إلى قوتها.

في الواقع، أن الأفكار التي طرحها موركنثاو على وجه التحديد، وأنصار المدرسة الواقعية عموماً، ترد عليها جملة تحفظات منها، أن التركيز على عامل القوة واعتباره العامل الوحيد القادر على تحقيق المصلحة القومية يوحي أن القوة المقصودة هنا هي القوة العسكرية، ولا يتردد أنصار المدرسة الواقعية من اعتبار الأمر كذلك، وبذلك هم يتناسون أن مصالح الدولة لا تتحقق بالضرورة عن طريق القوة العسكرية لوحدها بل ثمة عوامل أخرى يمكن اعتمادها تحقيقاً لهذه الغاية.

من جانب آخر، نلاحظ أن المدرسة الواقعية اعتمدت في تحليلها لواقع السياسة الدولية والعلاقات ما بين الدول على تفسير أحادي الجانب وهو جانب الصراع، وهذا الصراع يدور من أجل القوة - المصلحة. ومثل هذا التصور يبدو صحيحاً للوهلة الأولى إذا أخذناه من جانب واحد. إلا أن حقائق

السياسة الدولية تكشف لنا، ومن جانب آخر، أن مصالح الدول لا تتحقق، أو لا تضمن بالقوة والصراع فحسب، أنما يمكن أن يقف إلى جانب القوة والصراع موضوع التعاون والرغبة المشتركة لدى أعضاء المجتمع الدولي في تحقيق مصالحهم.

فالعلاقات الدولية إذا كانت تمثل في إحدى جوانبها حقيقة الصراع، فإن الجانب الآخر فيها تجسده ضرورات التقارب ودوافع التعاون، وهذا ما نلمسه في الوقت الحاضر، حيث إن غالبية الدول، إن لم تكن كلها، متفقة على ضرورات الحوار والتعاون والتفاهم لإنجاز أهداف مشتركة، وكذلك حل مشكلات ومعالجة أزمات عن طريق العمل المشترك متجنبين بذلك أدوات ووسائل العنف والقوة المسلحة نظراً لما تنطوي عليه من مخاطر تهدد السلم والأمن الدوليين.

كما أن هذه النظرية لا تضع قيوداً تمنع استعمال القوة أو البحث عن السلطان والنفوذ، وهي بذلك تبدو، أي هذه النظرية، مصممة للدول الكبرى والدول القوية لتحقيق مصالحها حتى وإن كان ذلك على حساب الدول الأقل قوة منها. فضلاً عن ذلك، فإن هذه النظرية، وفي نتائجها النهائية، ترفض مبادئ الأخلاق وقواعد القانون الدولي، كما لا تضع اعتباراً لدور المنظمات الدولية والرأي العام العالمي طالما أنها لا تحدد قيود للقوة واستعمالها.

أما التبرير الذي تمسكت به المدرسة الواقعية، والذي يذهب إلى أن امتلاك القوة من شأنه أن يحافظ على الأوضاع القائمة ويحول دون تغييرها، فإن هذا التبرير أريد به تقوية الولايات المتحدة ودول أوربا الغربية، في حقبة الحرب الباردة، للوقوف بوجه الاتحاد السوفيتي والمد الشيوعي ومنعهم من إحداث أية تغيرات في الأوضاع القائمة وعلى نحو يرتب أضرار بالغة لمصالحها سواء في أوربا، أو في أية منطقة أخرى من العالم.

الفصل الثاني

نظرية الحرب

تُعد الحرب من أقدم الظواهر التي عرفتها المجتمعات البشرية. هذه الظاهرة تجسدت أولاً على مستوى الصراعات الفردية عندما كانت ترتقي إلى مستوى التلاحم والاشتباك وإن كانت بدائية في أدواتها وتقنياتها القتالية كما أن هذه الظاهرة عرفتها الجماعات المنظمة ابتداء بالأسرة، ومروراً بالقبيلة والعشيرة وانتهاء بالتنظيم المؤسسي الأكثر تعقيداً وهو الدولة.

جميع هذه التشكيلات الاجتماعية - السياسية، وعلى اختلاف درجة تعقيدها وتنظيمها وطبيعة تشكلها، لم تسقط مسألة اللجوء إلى العنف المسلح عندما تجد أن مصالحها باتت مهددة، وإن أهدافها أخذت تتقاطع مع أهداف غيرها. وعندها تطرح الحرب نفسها باعتبارها الحل النهائي، أو الوسيلة الأخيرة بعد أن تعجز الوسائل الأخرى عن حسم التناقضات الناجمة فيما بينها.

وإذا أردنا تعريف الحرب، لا يبدو لنا أنها تحتمل التعريف المبسط لها كونها تمثل (قتالاً مسلحاً، أو نزاعاً مسلحاً بين الدول) تحكمه مبادئ وقواعد القانون الدولي كما يذهب العديد من فقهائه وشراحه، بل إن هذا (القتال) أو (النزاع) المسلح هو أكثر تعقيداً من أن يوصف بهذا التجريد والتبسيط، ذلك أن الحرب ظاهرة مركبة يتمازج فيها العمل العسكري الميداني بالغرض السياسي الذي بدأت فيه. بل إن العمل العسكري في ميدان المعركة ما هو في حقيقته إلا امتداد وتجسيد للقرار السياسي المتخذ بشأنها وفي أعلى مستوياته. فما يجري في سوح القتال وميدان المعارك من صدامات بشرية كتلية واشتبكات دموية واستخدام مكثف لمختلف الصفوف القتالية، هو الترجمة الفعلية للإرادة

السياسية للأطراف المتصارعة، وعندها تكون الحرب هي التعبير الحقيقي لإرادة صناع القرار مجسدة بذلك أقصى درجات العنف المنظم لتحقيق أغراضهم السياسية.

إن كنه الحرب وطبيعتها تضعنا مباشرة أمام مفهومها وأبعادها الفلسفية. وقطعاً، وكما يذهب الرأي عندنا، لا تفسر الحرب كفكرة فلسفية بالخطط السوقية والتعبوية الخاصة بالأوضاع القتالية، دفاعية كانت أو هجومية، كما أنها لا تفهم بتنظيم سبل وقواعد الاشتباك وتلاحم القوات وضبط إيقاع القتال تعبوياً بما يكفل كسب المعارك وصولاً إلى الغاية النهائية المتمثلة بإحراز النصر في حرب تخوضها الدولة. إن جميع هذه الصياغات رغم أهميتها في تصوير الحرب، فإنها لا تمثل في الواقع إلا التطبيق العملي لفكرة الحرب ومضمونها الفلسفي الذي يبقى بعيداً ومنفصلاً عن ميدانها القتالي. وبعبارة أكثر دقة، أن جميع هذه الصياغات الميدانية تمثل حركة (الفكرة) على أرض الواقع، أنها أسلوب في العمل للجوهر الذي تحمله الفكرة، أي فكرة الحرب وفلسفتها بعد أن تتحول إلى حركة يطغى عليها العنف المنظم.

إن فكرة الحرب تأخذ شكلاً تدميرياً واشتباكاً دموياً بعد أن تتطور إلى أبعادها القصوى. فالتدمير وسفك الدماء على نحو متبادل هو الشكل المطور للعنف الذي تنطوي عليه فكرة الحرب. فعندما ينشب القتال فأنه يعبر عن نفسه كقوة ليست لذاتها فقط، إنما هو قوة توجد وتصبح حقيقية ومترجمة عملياً بواسطة الأطراف المتحاربة ذاتها باستخدام وسائل القتال وأدواته المتنوعة.

إن الحرب (كفكرة) تعبر عن ذلك القدر من التناقض القيمي والمفاهيمي في مكون الأيديولوجيات والمصالح والأهداف بين أطراف يصعب التوفيق فيما بينها. فهي إذن وثيقة الصلة بالمجتمع بقدر ما تعبر عن قيمة الفكرية وعقائده الفلسفية الاقتصادية والاجتماعية عندما تتعارض مع نظيرتها لدى الأطراف الآخرى. وهي في الوقت ذاته تعبر عن الإرادة السياسية لصناع القرار من خلال نظرتهم للكيفية التي يتم بها تحقيق أهداف ومصالح دولهم.

وإذا كانت الحرب تعبر عن الإرادة السياسية للحكام فأنها والحالة هذه، تكون عملاً من أعمال السياسية، أو أنها، ووفق منطق كلاوزفيتز، المخلوق الذي ينمو في رحم السياسة، وبالتالي فهي امتداد لها ولكن بوسائل أخرى أكثر عنفاً ودموية.

والحرب (كصيغة) أو (أسلوب في العمل) تعبر عن نفسها بجهد عسكري ميداني وسفك دماء وصدامات بشرية كتلية، وجميع هذه المظاهر تتضمن فنوناً عسكرية قتالية، والشكل الأخير هو التطبيق العملي لفكرة الحرب وفلسفتها.

الحرب إذن، وبهذا المعنى، تنطوي على بعدين، الأول يحكمه المنطق والجدلية وميدانه الفكر. والثاني تحكمه الآلية والحركة الميكانيكية لقوات الأطراف المتحاربة، وميدانه أرض المعركة وسوح القتال. الأول يتصل بالعلاقات البشرية وما ينطوي عليها من تناقضات وصراعات، وكما يقول (كلاوزفيتز) إن الحرب (ليست نزاعاً أو صراعاً بين عناصر الطبيعة. إنها قبل كل شيء واقع بشري، وبتعبير أصحَّ هي شكل من أشكال العلاقات البشرية...إن الحرب لا تخص ميدان الفنون والعلوم، ولكنها تخص الوجود الاجتماعي...إنها نزاع بين المصالح الكبرى يسويه الدم، وبهذا تختلف عن النزاعات الأخرى...)(8)

أما البعد الثاني، فإنه يتصل بأدوات العمل العنيف ووسائله وغاياته، حيث يتم توظيف القوة العسكرية إلى أقصى حدودها لحسم التناقضات والصراعات التي تتصف بها العلاقات البشرية. وهنا تثار مسألة جديرة بالانتباه وهي، هل تمثل الحرب حالة تختلف فيها عن حالة أخرى وهي الصراع؟ وإذا كان الأمر كذلك، فما هي أوجه الاختلاف بينهما؟

إن الحرب تختلف شكلاً ومضموناً عن الصراع. فالصراع تحكمه مفاهيم قيمية وعقائدية فلسفية يصعب في كثير من الأحوال أن تكون موضع اتفاق بالنسبة لأطرافه. بمعنى، أن الأطراف المتصارعة تعبر عن قدر كبير من

التناقضات الفكرية، والثقافية، والقيمية، والتاريخية والعقائدية يكون من الصعوبة بمكان إيجاد حلول لها. وحالة التناقض هذه لا تحل إلا بزوال أحد الطرفين المتصارعين بحرب ينتصر فيها أحدهما على الآخر. وهذه النهاية هي نهاية حدِّية، أو نهاية صفرية قد لا تتحقق في عصرنا الراهن لأسباب عديدة، ولا تتحقق إلا في استثناءات قليلة.

هذا من ناحية، ومن ناحية أخرى، يمكن أن نلاحظ أنه في الوقت الذي تتنوع فيه مضامين الصراع ومظاهره (سياسياً، واقتصادياً، وأيديولوجياً...الخ) تتجسد الحرب أساساً بحالة الالتحام العضوي المباشر، وبعد أن تتصاعد وتائر الصراع إلى مستويات يصعب ضبطها والتحكم فيها، مما يدفع بالأطراف المتصارعة إلى العنف المسلح باستخدام القوة العسكرية.(9) وهنا تشكل الحرب الحل الأخير عندما تلجأ الأطراف المتصارعة إلى حسم تناقضاتها في المتجذره بالأداة العسكرية بعد أن تعجز عن حلها بالوسائل السلمية وإذا كان الصراع يتصف بشموليته وتعدد مستوياته، سواء من حيث الأدوات المستخدمة، أو من حيث الأدوات المتاحة لإدارته، فإن الحرب لا تترك أمام أطرافها إلا واحداً من خيارين، إما الاستمرار أو الاستسلام، المقاومة أو الإذعان، النصر أو الهزيمة. لذا، فإن الحرب وإن كانت تشكل أحد مظاهر الصراع، فإنها تمثل الحالة الأخيرة في تطور مسارات بعض الصراعات الدولية.(10)

كما وأن الصراع والحرب يختلفان عن مسمى آخر يصف حالة أخرى وهي المنافسة التي لا تتضمن المعاني نفسها التي تقترن بحالتي الصراع والحرب. فالأطراف المتنافسة قد تكون مدينة لعقيدة فكرية واحدة، أو تؤمن بأيديولوجية واحدة، إلا أن علاقاتها تكون محكومة بعوامل أخرى وشروط مغايرة، كالرغبة في التحدي، أو الرغبة في الفوز وتحقيق مكاسب معينة وفي مجالات متعددة بعيداً عن الاقتتال والتصارع. بمعنى آخر، أن حالة العداء المتأصل والموروث تاريخياً، ودوافع الانتقام والثأر وعوامل التباين والاختلاف

الفكرية والعقائدية بقدر ما تشكل جميعها الخصائص المميزة والمغذية لحالة الصراع أو الحرب، فإن دوافع التفوق والرغبة في تطوير فاعلية الأداء والارتقاء إلى مستوى متقدم وفي مختلف ميادين الحياة تشكل مقومات الحالة التنافسية بين الأطراف المعنية. وعليه، فإن المعايير التي تحكم أوضاع المنافسة تختلف تماماً عن المعايير التي تحكم أوضاع الحرب والصراع.

من ناحية أخرى، يختلف الصراع والحرب عن النزاع. فإذا كنا قد حددنا مواصفات وضوابط الحالة التصارعية أو حالة الحرب، فإن مفهوم النزاع يحمل معه مضامين مختلفة. فالنزاع غالباً ما يكون بين أطراف تثار بينها قضايا خلافية تعبر عن وجهات نظر أو مواقف معينة تحكمها قواعد قانونية، مثل قضايا الحدود البرية والبحرية، أو حول مناطق متنازع عليها، أو نزاعات حول الأنهار الدولية، أو أية قضية أخرى تحكمها قواعد القانون الدولي. وهذا ما لا ينطبق على الحالات التي تم ذكرها سابقاً كالصراع والحرب.

ولكن، إذا كانت الحرب تمثل ظاهرة اجتماعية لا يمكن فصلها عن مظاهر الحياة البشرية، فإن السؤال الذي يطرح هنا يدور حول الأسباب الدافعة إليها.

في الواقع، ثمة صعوبة عملية في التعويل على عامل محدد لتفسير هذه الظاهرة، وربما تكمن هذه الصعوبة في مظاهر التعقيد التي تنطوي عليها الحرب ذاتها بسبب من طبيعتها المركبة. فالحرب، كفعل إنساني، تتداخل فيها العوامل النفسية والسياسية والثقافية والاقتصادية، هذا فضلاً عن العوامل المرتبطة بالمصلحة القومية التي تجمع أغلب هذه العوامل. إن لم تكن بجملتها، بل إن دوافع المصلحة القومية قد تأتي بمبررات غير محسوبة، وربما غير منطقية لغرض شن الحروب. ومع ذلك فهناك نظريات واتجاهات فكرية، أعطت تفسيرات لهذه الظاهرة سوف نعرض البعض منها:

1. أن هناك من يعول على العوامل السيكولوجية، وأنصار هذا الاتجاه يرون أن أصل الظاهرة، أي الحرب، وجذورها ومسبباتها تكاد تنبع كلها من حقائق وعوامل نفسية - سيكولوجية. وبهذا يذهب (الفي ورنر) إلى أن العوامل

النفسية التي تدفع باتجاه الحرب تتمثل بالنزعات العدوانية والمشاعر العدائية، التعطش للثأر والانتقام، الحاجة إلى التغيير والبحث عن المكانة، الشعور بأداء رسالة. كل هذه العوامل، من وجهة نظر (ورنر) تقود باتجاه الصدام مع الآخرين، وتدفع نحو توظيف العنف المسلح، أو القوة العسكرية للتغلب ومن ثم التفوق عليهم.

ويرى (فرويد)، الذي يعد من أبرز مؤسسي المدرسة النفسية في دراسة مظاهر السلوك العدواني وأثره في النفس الإنسانية، أن السلوك العدواني الذي يقود إلى الحرب هو نتاج طاقة عدوانية كامنة وغير واعية في أعماق النفس البشرية، وأن هذه الطاقة تتحرك ضمن ضوابط اجتماعية في أوقات السلم تحول دون انفجارها. إلا أنها وفي أوقات الحروب، تكون مهيأة لتظهر في أكثر صورها عنفاً وتطرفاً. ويركز (فرويد) على ما يسميه بغريزة الموت كعامل دافع للحروب فيقول (إذا لم تكن الدولة في حالة حرب، وإذا لم تتوفر أمامها بدائل ملائمة تغنيها عن الحرب، فإن غريزة الموت الكامنة فيها إذا لم تجد مجالاً للتنفيس عنها بتوجيهها نحو خصومها، فإنها ستتحرك لتعمل على قتلها ذاتياً)(11).

هذا التفسير نجده أيضاً عند (ماكنيل) الذي يرى، أن الجزء الأكبر من الطاقات الإنسانية العدوانية يمكن أن يجد جذوره وأسبابه المباشرة في مشاعر الإحباط النفسي.

وإلى جانب العامل النفسي هناك من يعزي سبب الحروب إلى الشخصية السلطوية التي يرى فيها (أريك فروم) عوامل قوية تتحرك باتجاه الرغبة في إلحاق الأذى بالغير، أن هذه الشخصية تجد نفسها مدفوعة إلى إثبات قوتها وتهدئة مخاوفها باقتراف العدوان.

ويتمسك البعض مثل (بنديكت) بنظرية الأنماط الثقافية، وطبقاً لهذه النظرية، فإن الحرب هي فكرة اجتماعية قد توجد في البناء الثقافي لبعض الدول والمجتمعات حيث تحمل ثقافة عدوانية ضد ثقافة مجتمعات دول أخرى.

وفي إطار النظرية النفسية أيضاً، هناك نظرية أخرى هي، نظرية الصور المنعكسة التي تقوم على فكرة أن الحرب بين دولتين أو أكثر هي نتاج تصورات شعبية مشوهة متشابهة ومتبادلة فيما بينهم. فكل منهم يرى الآخر في صورة الذي يتحرك بدافع العدوان، وبنزعات شريرة لا تتفق والمعايير الأخلاقية والإنسانية، مما يهدم الثقة فيه وفي نواياه. ومن هنا يجد كل جانب نفسه مدفوعاً إلى تعزيز قدراته العسكرية لتدمير خصمه. وبالتالي فإن الحرب يمكن أن تقع بسبب النوايا العدوانية التي ينسبها كل منهم للآخر دون أن تتوفر شواهد عملية قوية تقطع بصدق تلك المزاعم.

ومن هذه النظرية يمكن أن تشتق أيضاً نظرية أخرى هي، نظرية الإدراك غير المتوافق مع الواقع، حيث تكون الصورة التي تحتفظ بها الدول عن بعضها بعيدة عن الواقع، بل وقد تظهر تلك الدول مقاومة كبيرة ضد تغييرها، حتى وإن برزت شواهد عملية تناقض هذه الصورة المدركة أو المنطبعة وتهدمها من أساسها.

2 . وهناك من يرجع أسباب الحروب إلى عوامل أخرى لا علاقة لها بالجوانب السيكولوجية أو المدركات الحسية لدى صناع القرار، إنما هي ترتبط بحالة عدم التناسق والاختلالات البنيوية في معدلات القوة وطريقة توزيعها بين الدول، مما يولد الشعور بالخوف والاستفزاز والتهديد لدى البعض منها، الأمر الذي يعمق مركبات العداء والكراهية التي تضمرها هذه الأطراف المهددة لخصومها. كما وأن الدول التي تتغير موازين القوة لصالحها فإن هذا الأمر يولد لديها ميولاً قوية، تحت تأثير الشعور بالتفوق، إلى ممارسة العدوان ومحاولة التوسع على حساب الأطراف الضعيفة.

3. ومن النظريات الأخرى المفسرة للحروب هي النظرية الاقتصادية. ولدينا هنا نظريتان، نظرية (هوبسون)، والنظرية الماركسية - اللينينية، وكلتاهما تفسران ظاهرة الحروب الاستعمارية.

وبقدر تعلق الأمر بنظرية (هوبسون)(12)، فإن الافتراض الذي تنطلق منه يذهب إلى أن التفاوت أو عدم التكافؤ في توزيع الثروة سمة أساسية تتميز بها المجتمعات الرأسمالية التي تعاني من اختلال التوازن بين معدلات الإنتاج، التي تتميز بوفرتها، ومعدلات الاستهلاك التي تتسم بانكماشها. وقد أدى هذا الوضع إلى انقسام المجتمع إلى طبقتين، الأولى غنية، تكتنز الثروة، وتمتلك قوة إنتاجية عالية. والأخرى فقيرة غير قادرة، بسبب محدودية دخلها وضآلته، على أن تستهلك ما تنتجه الصناعات الحديثة.

هذا الواقع المتمثل بفقدان التناسب بين معدلات الإنتاج والاستهلاك خلق مشكلة هيكلية في اقتصاد المجتمعات الرأسمالية تمثلت بوجود فائض سلعي ورأسمالي. ولمعالجة حالة الاختناق هذه، توجه السعي نحو البحث عن الأسواق الخارجية لتأمين قنوات متعددة لتصريف فائض الإنتاج الصناعي والسلعي، ولتحقيق انسيابية عالية في استثمار رؤوس الأموال المتراكمة في الداخل. والنتيجة المترتبة على هذا السعي هي الاستعمار، الذي يعد السبب المباشر في إشعال الحروب وقيام الصراعات بين الدول الرأسمالية.

وإلى جانب نظرية (هوبسون)، هناك النظرية الماركسية - اللينينية التي ترى، أن المجتمعات الإنسانية، على اختلاف مراحل تطورها، تعيش حالة من الصراع الطبقي أساسه حيازة بعض الطبقات الاجتماعية لوسائل الإنتاج، الأمر الذي أدى إلى انقسام المجتمع إلى فريقين متصارعين، أولهما فريق مُستغِل، والآخر فريق مُستغَل. وقد وجد (لينين)، أن هذه الظاهرة الاجتماعية التي فسرتها الماركسية تحمل من الخصائص ما يسمح بتعميمها لتصبح ظاهرة دولية. فالمجتمع الدولي هو مجتمع طبقي يتمثل بوجود طبقة، أو طبقات مالكة، وأخرى غير مالكة. أو بمعنى أكثر دقة، هناك قوى مالكة ومستغلة، وأخرى غير مالكة ومستغلة. وعلى هذا، فإن الصراع الدولي الذي يقود إلى الحرب، ما هو إلا انعكاس للمنطق الاستنتاجي الذي جاءت به الماركسية، إذ تمثل الرأسمالية الترجمة العملية لصراع الطبقات على المستوى الدولي(13).

ويذهب (لينين) في طروحاته النظرية إلى اعتبار الأساس الذي ترتكز عليه الرأسمالية يتمثل بسيطرة المجموعات الاحتكارية على ملكية وسائل الإنتاج وملكية رؤوس الأموال. وعندما تصبح الاحتكارات ورؤوس الأموال هي القوى المهيمنة في النظام الرأسمالي تكون الرأسمالية قد دخلت مرحلتها الاحتكارية (الرأسمالية الاحتكارية)، وعندها تبدأ عملية التوسع الإمبريالي، حيث تظهر الحاجة إلى المستعمرات بوصفها ميداناً لاستثمار الفائض من رؤوس الأموال، وكأسواق لتصريف المنتجات الصناعية وكمصدر للحصول على المواد الأولية(14).

ومع النمو الرأسمالي والتركز الاحتكاري يصبح التنافس بين القوى الرأسمالية المتطورة ما هو إلا صراع على الأسواق والمستعمرات. وبذلك يكون الصراع بين النظم الاقتصادية الرأسمالية هو مسألة حتمية، وتكون مسألة تصفيتها هي الشرط المسبق لإنهاء الصراع. بمعنى آخر، أن الصراع الدولي، وفق النظرية اللينينية، هو انعكاس للسلوك التصارعي الذي يحكم الدول الرأسمالية في مرحلة توسعها الإمبريالي. وهذا يفسر لنا سبب الحروب التي اندلعت بين القوى الصناعة الأوربية في النصف الثاني من القرن التاسع عشر، والنصف الأول من القرن العشرين(15).

4. هناك أيضاً نظريات تفسر الحرب في ضوء الدوافع القوية التي تحملها بعض الجماعات القومية رغبةً منها في الإبقاء على ذاتيتها المتميزة، حيث تسعى بفعل هذا العامل، للانفصال عن الدولة التي تعيش بين ظهرانيها، مما يولد لدى الأخيرة ردود أفعال لمقاومة تلك النزعات الانفصالية فتحاول قهرها وإخمادها حفاظاً على تماسك وحدتها الإقليمية.

5. وتلعب التناقضات الأيديولوجية دوراً واضحاً في إثارة الحروب. ويرى أنصار هذه النظرية أن الصراع الأيديولوجي أخطر في مضمونه وأكثر امتداداً في إطاره الزمني من أية صورة أخرى من صور الصراع الدولي التي عرفها التاريخ في الماضي. فالأيديولوجية هي إحدى أدوات الفرز والتصنيف التي

تعتمد عليها الدول في التمييز بين الأعداء والأصدقاء، وهي تلعب دوراً كبيراً في إدارة الحركة السياسية الخارجية، ورسم الخطط ووضع التصورات والبناءات الإستراتيجية. كما أن الأيديولوجيات تخلق حساسيات سياسية ونفسية دولية متبادلة، كما تقيم حوافز قوية تحول دون تثبيت الاقتناع بقيم سياسية وأخلاقية عالمية وتعزيز الانتماء إليها والتقيد بها كمعايير للسلوك الدولي الملتزم، وهذا بحد ذاته يوفر مدخلاً حيوياً للاشتباكات المسلحة.

يضاف إلى ذلك، أن الأيديولوجية، تمارس أحياناً دوراً تبريرياً، أو تكون أداة لإضفاء الشرعية (لأغراض الاستهلاك الدعائي الدولي أساساً) على تصرفات دولية معينة تتضمن انتهاكاً لبعض مبادئ القانون الدولي، لتدفع بعض الدول إلى شن الحروب تحت غطاء الشرعية الدولية، أو مقتضيات المبادئ الأخلاقية أو الإنسانية، آخذين بنظر الاعتبار أن هذه المفاهيم غالباً ما تطغى عليها الدوافع والأغراض السياسية.

6. فضلاً عن ما تقدم، هناك نظريات ترى أن اندلاع الحروب، أو البعض منها، يعود بالدرجة الأساس إلى طبيعة النظام السياسي في داخل الدول ذاتها. وأنصار هذه النظرية يركزون على وجه التحديد على أنظمة الحكم الشمولية، إذ هي، وبحكم عقيدتها والدوافع التي تحركها والأهداف التي ترمي إليها، والأساليب التي تنتهجها، تعد السبب الرئيس والأكبر الذي يكمن وراء تزايد حدة الصراع واندلاع الحروب.

ولا يقتصر أنصار هذه النظرية على تفسير الحروب بسبب من طبيعة أنظمة الحكم الداخلية، إنما يعزون أيضاً سبب الحروب إلى الطبيعة التوليتارية (الشمولية) لبعض الدول في رؤيتها للنظام الدولي (حروب الإمبراطوريات). حيث يكون الصراع في الحالة الأخيرة هو صراع بهدف السيادة والسيطرة العالمية الذي تخوضه الأنظمة الشمولية الذي هو بمثابة دافع غريزي فيها، ينبثق من رغبتها في إخضاع الآخرين في نظام دولي تتحقق فيه لتلك الأنظمة السيطرة المطلقة على غرار ما يحدث في الداخل عندما

ينزع نظام الحكم الدكتاتوري إلى تدمير كل أثر للرأي المعارض، ويرى في رؤيته ومنهج تفكيره هو الصواب الذي ينبغي أن يسلم به الآخرون. وتؤكد لنا الخبرة التاريخية أن الأنظمة الشمولية على اختلاف توجهاتها العقائدية والتي تتحرك بدافع من الرغبة في التوسع والعدوان إلا وأدى سلوكها إلى الفوضى والحرب.

وفي الواقع، وعلى الرغم من الأهمية الكبيرة التي جاءت بها هذه النظريات، وهناك أخرى غيرها، في تفسير الأسباب التي تقف وراء ظاهرة الحرب، فإن الحقيقة الموضوعية، العلمية والتحليلية، تدفعنا إلى عدم تبني أي واحدة من هذه النظريات، وإن كانت الحرب تجمع بين العديد منها، أو إنها مزيج متعدد الطيف لها. والسبب في ذلك يعود، كما سبق أن أشرنا، أن الحرب هي ظاهرة معقدة ومركبة، أو أنها موقف مركب من مجموعة معقدة من العلاقات التي هي بدورها حصيلة التفاعل الذي يحدث بين مجموعة واسعة من العوامل. ففي كل مرة تقع فيها الحرب، يحدث هذا التفاعل بصورة فريدة ومتميزة. فبينما تبرز بعض العوامل أو الحقائق كأسباب قوية في إثارة حرب دولية معينة، فإنها قد لا تكون كذلك في حرب أو حروب أخرى. ومن ثم فإنه يصبح من المستحيل حصر الحقائق التي تقع بسببها الحروب أو تحديدها في عامل واحد.

وفي الواقع، إذا كان تفسيرنا للحرب إنها ظاهرة معقدة ومركبة تسهم في تشكيلها عوامل متعددة، فإنها، وفي المحصلة النهائية، لا تعدو عن كونها قراراً يتخذه فرد (الزعيم أو القائد السياسي)، أو مجموعة أفراد (الوحدة القرارية) يتربعون على قمة الهرم السياسي للدولة. فالحرب، بوصفها سلوكاً ينطوي على درجة عالية من استخدام العنف المنظم بين وحدات المجتمع الدولي، فإنها في الواقع، انعكاس للسلوك الفردي - السلطوي في حالته التصارعية.

وقرار الحرب، أو الحرب ذاتها بتعبير أصح، لا تخلو من تأثير العوامل التي تسهم في بناء شخصية الزعيم السياسي، أو الوحدة القرارية، وتحديد مدركاتهم لماهية الحافز الخارجي وكيفية التعامل معه (كعامل التنشئة

الاجتماعية، درجة الثقافة والخبرة السياسية، التجربة التاريخية، المكونات الفكرية والثقافية). هذا فضلاً عن تأثير عوامل أخرى يحددها الوسط الاجتماعي بكل ضغوطه ومكوناته، مضافاً إليها متغيرات البيئتين الدولية والإقليمية.

هذا يعني، أن الحرب، يمكن تفسيرها في إطار منهج تحليلي هو منهج اتخاذ القرار. فالحرب، وكما سبقت الإشارة، ما هي إلا قرار باستخدام العنف المنظم وبأعلى درجاته. والدولة وفق هذا المنهج، ما هي إلا تعبير مرادف لصناع القرار فيها، وهي بالتالي، ليست أكثر من بعد تجريدي، أو هوية افتراضية، وأن إرادتها هي إرادة مجازية. أما الإرادة الحقيقية فهي مجسدة بإرادة صناع القرار فيها(16). وعلى هذا فإن حركة الدولة، وتحديد أهداف استراتيجيتها العليا، ترتبط بأولئك الذين يتصرفون باسمها (فرد أو مجموعة أفراد). وعندها تصبح الحرب، بدءاً باتخاذ القرار بها واندلاعها وتطور مساراتها ثم انتهائها، مرتبطة بالإرادات المتناقضة لشخص أو مجموعة أشخاص يملكون سلطة اتخاذ القرار في دولهم.

وعملية اتخاذ القرار تعتمد إلى حد بعيد، على مدركات الوحدة القرارية لطبيعة الموقف الذي تواجهه، وحجم التهديد المتولد عنه للقيم والمصالح القومية العليا، وفقاً لتقديرات تحليلية ومعلومات استخبارية توفرها مصادر وأجهزة متعددة.

وفي هذا المجال يؤكد (سنايدر) على الدور الذي تلعبه الدوافع الذاتية الواعية واللاواعية لصانع القرار، والتي تدفع به لاتخاذ قرارات معينة (بما فيها قرار الحرب)، أو اقتفاء أثر سياسة معينة، الأمر الذي يتطلب البحث في سيرته الشخصية كطفولته، وعوامل تنشئته وخلفيته الاجتماعية، وانحداره الطبقي، وانتمائه الديني والسياسي، ومستواه التعليمي، وتكوينه الفكري - الأيديولوجي، وخبرته السياسية، ودرجة ميله لقبول المخاطرة، الإرادة والتصميم والشجاعة إن الذكاء والنشاط الخلاق.....الخ(17).

وفي ضوء ما تقدم يمكن القول، إن منهج اتخاذ القرار من بين أكثر المقتربات المنهجية لتفسير ظاهرة الحرب، إذ إنه يرى أن مسببات الحروب ناجمة أساساً عن التباين والتناقض في المدركات والدوافع الذاتية للوحدات القرارية التي تدفع بها نحو اتخاذ قرار معين. فالتباين في إدراك معادلة القيم والأهداف والمصالح القومية العليا، مضافاً إليها عامل الخصوصية والطباع الشخصية، ومتفاعلة معها افتراضات النظرية القومية والأمنية والسوسيولوجية والاقتصادية تشكل جميعها وبسبب من تقاطعها، الدوافع الحقيقية والرئيسية في إثارة الحروب واندلاعها.

وهكذا تبقى الحرب وسيلة سياسية لتحقيق إرادة صناع القرار، تسهم فيها عوامل عدة حسب ظروفها ومعطياتها التاريخية. بمعنى، أن الحرب تبقى وليدة اللحظة التاريخية بكل مكوناتها الذاتية - الشخصية، والعوامل السياسية، والاقتصادية والاجتماعية، والفكرية والثقافية. وهي كحدث تاريخي، لا تنفصل عن هذه المكونات، كما هي مقترنة على الدوام بقادة وزعماء يقررونها كصيغة أو كأداة لتحقيق أهداف إستراتيجيتهم القومية.

ونحن نعالج موضوع الحرب، نرى من الضروري الإشارة إلى أن الحرب، وعلى الرغم من أنها تأخذ شكلاً واحداً من حيث طبيعتها في اللجوء إلى العنف المسلح، إلا أن الفقه الإستراتيجي انصرف إلى التمييز بين أنواع متعددة منها، كالحرب المحدودة، والحرب الوقائية، والحرب العادلة، والحروب غير النظامية. وعلى هذا سنحاول إلقاء الضوء على هذه الأنماط من الحروب.

1. الحرب المحدودة:

ظهر مصطلح الحرب المحدودة في نهاية الخمسينيات من القرن العشرين بعد أن تنامت القدرة التدميرية للحرب النووية وأصبح في مقدور السوفييت والأمريكان إمكانية عالية على تدمير أحدهما للآخر بالأسلحة النووية تحت أي ظرف من ظروف المبادأة بالسلاح النووي بسبب تنامي قدرتيهما الثأرية الانتقامية بالضربة الثانية. عندها انصرف الفكر الإستراتيجي، وبهدف تفادي

كارثة الحرب النووية، إلى البحث عن بدائل إستراتيجية لأشكال من المجابهات العسكرية لا توظف فيها الأسلحة النووية، إنما يمكن الاحتكام فيها إلى أنماط أخرى لتحديد الكم الأنسب للعنف المسلح بحيث لا يصل في عنفه ومداه إلى مستوى الحرب الإستراتيجية الشاملة بين الكتلتين السوفييتية والأمريكية. هذا النمط من التفكير جاء به منظرو الفكر الإستراتيجي الأمريكي، حيث ذهبوا إلى إمكانية اندلاع حرب محدودة تكون أطرافها قوى حلف شمال الأطلسي وحلف وارشو، وساحتها هي أوربا، وتكون الأسلحة المستخدمة فيها هي الأسلحة التقليدية.

إلا أن هذا التصور النظري للشكل المحتمل لحرب يمكن أن تندلع في أوربا تعرض للنقد واعتبر افتراضاً يفتقر إلى العديد من الجوانب المنطقية. إذ أثيرت مسألة الضمانات الواجب توفرها لإبقاء الحرب ضمن حدودها التقليدية في إطار الأسلحة المستخدمة، كذلك نجاعة القيود التي من شأنها أن تمنع انجرار القوتين العظميين من اللجوء إلى استخدام أسلحتهم النووية متجاوزين بذلك التزاماتهم بهدف حماية حلفائهم في شرق أوربا أو في غربها. إذ ليس من المعقول أن يقف أي من العملاقين النوويين مكتوف الأيدي، دون أن يلجأ إلى أسلحته النووية الاستراتيجية، في الوقت الذي تبدأ كفة الحرب تميل لغير صالح حليفه الإقليمي الأوربي. وعندها تكون الحرب النووية ما هي إلا امتداد للحرب المحدودة.

إذن، لا يمكن الوثوق بوجود ضمانات قوية في أن تبقى الحرب ضمن مستوياتها التقليدية وبأطرافها الأوربية، إذا ما تعرض أي منهما لاحتمالات الهزيمة، وعند ذلك لا يتردد الطرف الخاسر من أن يلجأ إلى التصعيد، ملقياً بكل ثقله النووي في المعركة. ومن ثم تفقد هذه الحرب صفتها المحدودة منتقلة إلى طور الحرب النووية الشاملة. وعموماً، توصف الحرب بأنها محدودة من حيث:

1. طبيعة الأسلحة المستخدمة التي لا تصل فيها الأطراف المتحاربة إلى مستوى استخدام الأسلحة النووية، أو أي نوع آخر من أسلحة الدمار الشامل (الأسلحة فوق التقليدية).

2. الحروب التي تنشأ بين قوى إقليمية تصنف بأنها دول صغيرة، ولا تتدخل فيها القوى الكبرى أو العظمى بشكل مباشر، إنما يكون تدخلها بشكل غير مباشر.

3. الحروب التي تندلع بين قوتين إقليميتين تستخدم فيها أسلحة تقليدية وتدور مسارح عملياتها في نطاق جغرافي محدد. فهي محدودة من حيث طبيعة القوى المتحاربة، ومن حيث نوعية الأسلحة المستخدمة، ومن حيث النطاق الجغرافي الذي تدور فيه الحرب.

4. وتكون الحرب محدودة أيضاً إذا استخدمت فيها أسلحة نووية تكتيكية ضد أهداف عسكرية محدودة النطاق، دون أن تنزع الأطراف المتحاربة إلى استخدام أسلحتها النووية الإستراتيجية.

5. الحرب التي تكون أحد أطرافها قوة نووية مستخدمة فيها أسلحته التقليدية، أو النووية التكتيكية ضد دولة صغيرة.

2. الحروب الوقائية:

ساد مفهوم الحرب الوقائية في التفكير الإستراتيجي الأمريكي خلال الفترة 1945-1949 وهي فترة الاحتكار الأمريكي للسلاح النووي. وكان الافتراض الذي تنهض عليه هذه النظرية يذهب إلى أن خير وسيلة لمواجهة الخطر الشيوعي السوفييتي وأضعافه والحيلولة دون اقترافه عملاً عسكرياً عدوانياً هي أن توجه إلية ضربة عسكرية - وقائية تعمل على تدمير قوته والإجهاز عليها قبل أن تنمو في كامل أبعادها، وعندها يكون من الصعوبة بمكان معالجتها والقضاء عليها. ومثل هذا العمل العسكري الوقائي سيضمن تحقيق انتصار عسكري ساحق للغرب بأسلحته النووية ضد الاتحاد السوفييتي الذي لم يكن يمتلك هذه الأسلحة.

وعليه، فإن التباطؤ في تنفيذ الحرب الوقائية كان يمكن أن يوفر الوقت الذي يتيح للاتحاد السوفييتي أن يعمل على بناء قوته النووية، وفي هذه الحالة، أن تحققت، فإن الغرب سيواجه بمعضلة السلاح النووي السوفييتي التي ستكون مسألة تدميره والقضاء عليه فيما بعد أقرب إلى الاستحالة. ويذهب دعاة النظرية إلى أن الضربة الوقائية توفر مزايا عدة للطرف الذي يبادر بها منها؛ أنها توفر إمكانية عالية لعنصر المباغتة أو المبادرة بانتقاء مكان وزمن العمل العسكري، كما أنها تتيح حرية انتقاء أي من أهداف العدو الأكثر حيوية من أجل تدميرها.

إلا أن هذه النظرية بدأت تتراجع بمغرياتها الإستراتيجية عندما أصبح بحوزة كل من القوتين العظميين القدرة على التدمير بالضربة الثانية، وهي ضربة ثأرية انتقامية يمكن أن يلجأ إليها الطرف الأمريكي أو السوفييتي إذا ما تعرض إلى ضربة نووية وقائية، وتحت أي ظرف من ظروف المباغتة أو المبادرة بالضربة الأولى.

هنا ينبغي لفت الإنتباه إلى أن الفكر الإستراتيجي الإسرائيلي تبنى هذه النظرية وتشدد بالتعبير عنها، وفي مختلف مراحل الصراع العربي - الإسرائيلي، وخصوصاً المرحلة الممتدة منذ نهاية الأربعينيات وحتى أوائل الثمانينيات من القرن العشرين، إذ كان عليه أن يقدم على عمل عسكري وقائي ضد أي تحرك عربي سواء كان هذا التحرك سياسي أو عسكري، قبل أن يتجسم بشكل تهديد جدي لأمن الكيان الصهيوني حيث يصعب احتواؤه والرد عليه.

ومما تجدر الإشارة إليه، أن الفكر الإستراتيجي الأمريكي عاد ليروج لهذه النظرية بعد غياب الاتحاد السوفييتي، مشدداً على ما عرف بمبدأ الدفاع الوقائي، وهو المبدأ الذي جاء به (ويليام بيري) عام 1996، بوصفه يمثل إستراتيجية دفاعية جديدة للولايات المتحدة في مواجهة أخطار يمكن أن تهدد مصالحها الحيوية، وفي مختلف مناطق العالم الأمر الذي يفرض عليها احتواءها بعمل عسكري وقائي، قبل أن تتبلور بصورتها النهائية(18).

3. الحروب العادلة:

يرتبط مفهوم الحرب العادلة بالفكر السياسي السوفييتي، ويعتبر (نيكيتا خروشيف) هو أول من ابتكر هذه التسمية في أوائل الستينيات من القرن العشرين وفي خضم الحرب الباردة والصراع بين المعسكر الاشتراكي والرأسمالي. والحرب العادلة مصطلح يراد به توصيف أنماط من المجابهات العسكرية على أنها شرعية ولها ما يبررها تمييزاً لها عن تلك المجابهات العسكرية التي تفتقر إلى مسوغات اندلاعها، وبالتالي فهي غير مشروعة، أو غير عادلة.

وإذا كانت الحرب وفق التعريف الماركسي - اللينيني هي (أرقى أشكال الصراع لحل التناقضات الطبقية أو الدولية)، فإنها تكون عادلة (أي الحرب) إذا عبرت عن هذه المقولة. والحروب التي تكتسب صفة العدالة في شنها أو اندلاعها هي التي تقع بين طرفين أحدهما مُستغِل والآخر مُستغَل، ومن أمثالها الحروب الثورية ضد التسلط الطبقي الرجعي، أو ضد التسلط الإمبريالي الاستغلالي، كحرب التحرير الوطني بين المستعمرات والدول الاستعمارية - الإمبريالية. وهنا تستمد الحرب صفتها العادلة من طبيعة أهدافها الرامية إلى تحرير الشعوب من القهر والاستغلال والتسلط الذي تمارسه القوى الاستعمارية، والذي يقف عقبة كأداء في طريق تطورها الاقتصادي والاجتماعي. إن هذه الحروب تهدف إذن، إلى التحرر من القيود الخارجية بتصحيح عناصر المعادلة التي تحكم طرفيها، وهي أن الشعوب لا تحصل على حريتها واستقلالها إلا بوسيلة الصراع المسلح ضد السيطرة الاستعمارية.

وإلى جانب هذا التفسير، الذي تغلب عليه الصفة السياسية، هناك تفسير آخر للحرب العادلة له خصائص قانونية. فالحرب تكون عادلة أو مشروع إذا ما استوفى أحد أطرافها الشروط القانونية عند الاحتكام إلى القوة المسلحة في تصحيح وضع معين مع طرف أو أطراف أخرى. ولكي تكون الحرب عادلة

أو مشروعه فإنها لا تخرج عن حالتين، الأولى، الدفاع عن النفس ضد خطر يلحق الأذى والضرر بذات الدولة وسلامتها وأمن وسلامة مجتمعها. وهذا ما نصت عليه المادة (51) من ميثاق الأمم المتحدة. أما الحالة الثانية فهي، إذا ما قامت دولة، أو مجموعة دول، بتعريض أمن وسلامة واستقرار المجتمع الدولي إلى خطر، فيكون رد الفعل جماعياً في إطار مفهوم الأمن الجماعي.

ومع ذلك، فإن مفهوم الحرب، سواء كانت عادلة أو غير عادلة، يخضع في الكثير من الحالات إلى دوافع سياسية، أكثر مما تكون قانونية كالحرب الاستباقية والحروب الوقائية. مثل هذه الحروب، وربما غيرها، لا تحكمها نصوص قانونية متفق عليها دولياً لتبريرها، بقدر ما تبررها تقديرات سياسية وحسابات إستراتيجية يقررها صناع القرار.

4. وهي حروب عصابات لا تعتمد في عملياتها العسكرية على جيوش نظامية، كما أنها، وفي ظروف معينة، تكون البديل الأكثر فاعلية في استخدام القوة بطريقة غير نظامية.

ومن الخصائص الإستراتيجية لهذا النمط من الحروب، أنها تستنزف الجهد المادي وعناصر قوة الخصم عن طريق جره إلى أوضاع قتالية تختلف تماماً عن ميدان ومسارح عمليات الحروب النظامية. كما أنها تؤثر على الجانب النفسي لقوات العدو، إذ عليها الاشتباك في ظروف وأوقات ومواضع هي ليست من اختيارها.

ومما يزيد من عوامل القوة في أضعاف الروح المعنوية للعدو، أن هذا النمط من الحروب يعتمد على عنصر المفاجأة والمباغتة، مما يربك إستراتيجية العدو ويوقعه في تناقضات تهدر المزيد من قواه وتضعف إمكاناته. ومما يزيد من فاعلية استخدام هذه الإستراتيجية غير النظامية أيضاً، أنها تستطيع، بحكم طبيعتها، أن توفر مقدرة أكبر على التمويه والانتشار وتضليل العدو وخداعه وتوريطه في معارك جانبية، تستنزف قواه وتحول أنظاره عن المعارك والأهداف الرئيسية.

والصفة التي تتميز بها الحروب غير النظامية هي أنها ترتبط بعقيدة سياسة صارمة وأهداف يصعب التخلي عنها تتناقض مع أهداف الطرف المعادي، وهي بذلك تستقطب أوساطاً من المدنيين الذين تمسهم سياسات العدو وعملياته العسكرية، لتخلق أرضية مشتركة من التجاوب والتعاطف بين تلك الجماعات المسلحة والسكان المدنيين الذين تعمل بينهم ليشكلوا القاعدة الرئيسية التي لا غنى عنها لأية حرب عصابات ناجحة. وهذا العامل يكون وراء عوامل فشل الإستراتيجيات النظامية التقليدية عندما تدخل في مجابهة مسلحة ضد إستراتيجية الحرب غير النظامية. وغالباً ما لا ترتبط الحروب غير النظامية بمفهوم الحسم العسكري ووفق قياسات الحروب النظامية التقليدية نفسها، بل إن شكل الحسم فيها يتمثل بثني إرادة العدو السياسية وإجباره على الامتثال لشروط الطرف الذي يتبنى إستراتيجية الحرب غير النظامية. وبسبب هذه الخصائص والسمات، فإن الحروب غير النظامية لا تعتمد على أساليب (السوق) العسكرية كما هو حال الحروب التي تخاض بجيوش نظامية، بقدر ما تعتمد على أساليب قتال (تكتيكية)، حيث يتم التركيز فيها على مجاميع قتالية تعتمد المشاغلة والمناورة، وضرب أهداف محدودة، أو القيام باشتباكات عسكرية غير واسعة النطاق.

ومن الأمثلة الدارجة على هذا النمط من الحروب غير النظامية، حروب التحرير الوطني التي كانت تخاض ضد القوى الاستعمارية، أو الحروب التي تخوضها جماعات انفصالية ضمن أقليم معين، أو أي شكل من أشكال الحروب والمجابهات العسكرية التي تخوضها مجموعات ضد جيوش نظامية.

الفصل الثالث

نظرية توازن القوى

لعب نظام توازن القوى، ومنذ تشكل الدولة القومية في منتصف القرن السابع عشر وحتى انهيار الاتحاد السوفييتي، دوراً كبيراً في رسم وتحديد قواعد السلوك للوحدات الدولية وصياغة أنماط تفاعلاتها وعلاقات بعضها مع البعض الآخر.

وتذهب الفكرة الكامنة في نظام توازن القوى إلى أن دوافع المصلحة القومية تفرض على الدول زيادة مقدرات قوتها القومية حتى وإن كان ذلك على حساب غيرها من الدول الأخرى مما يؤدي إلى تهديد مصالحها. ومثل هذا التحدي من شأنه أن يدفع بالدول الأخيرة، وخصوصاً المحدودة في مصادر قوتها، إلى التحالف في محور قوى مضاد وقادر على مجابهة التحدي المشترك الذي تواجهه على اعتبار أن هذا التحالف بصيغة المحور والمحور المضاد يوفر إمكانية عالية وقوة ردع فعالة تمنع دولة أو مجموعة من الدول من الاعتداء على غيرها.

وعليه، يمكن تعريف توازن القوى بأنه الحالة التي تتعادل فيها، أو تتكافأ عندها القدرات الذاتية لدولة مقابل دولة أخرى، أو مجموعة دول يضمها محور في مواجهة دول أخرى يجمعها محور مضاد، وبالشكل الذي تضمن هذه الحالة للدولة أو للدول المتحالفة قدرة عالية على ردع التهديدات أو السياسيات الرامية إلى تغيير الأوضاع القائمة لغير صالحها وبما يحقق الأمن والاستقرار. ومن هذه الفكرة قيل إن سياسات توازن القوى تمثل أداة لتحقيق السلام وضمان استمراره بين الدول، حيث يشكل التوزيع المتكافئ لمصادر القوة رادعاً لإرادة هذه الدول وطموحاتها ويحول دون اندفاعها لإثارة الحروب.

وعلى هذا، شكل موضوع الردع، وعلى الدوام، الأساس الذي بنيت عليه سياسة توازن القوى رغم اختلاف الشكل البنيوي الذي اتخذه النظام الدولي فيما إذا كان نظاماً قائماً على أساس التعددية القطبية أو القطبية الثنائية. فأساس التوازن الدولي هو الردع المتبادل، أو الخشية المتبادلة من الأقدام على أعمال تخل بالتوازن، ولولا وجود هذا العامل، أي عامل الردع، يكون من الصعوبة بمكان الحديث عن توازن قوى أو استقرار دولي. فما هو الردع؟ وما هي الآلية التي يعمل بها للحفاظ على التوازن وضمان استمراره ومنع إفساده أو الإخلال به؟

لقد أعطيت للردع تعاريف عدة، إلا أنها تلتقي جميعاً عند حقيقة مفادها أن امتلاك القدرة على الحاق الأذى وترتيب القصاص أو العقاب هي ركيزة الردع، أو التهديد القابل للتنفيذ في مواجهة الغير. وأن عامل الخوف والخشية من أن يتحول التهديد إلى عقاب بقوة السلاح هي أساس الامتناع عن الأقدام على عمل غير مرغوب فيه من قبل الطرف المُهدَّد. وبالجملة، لا تخرج التعاريف التي أعطيت للردع عن هذا المعنى. فمن حيث الدلالة، ينصرف الردع إلى منع الخصم من الإقدام على عمل ما، أو تبني سياسة معينة غير مرغوب فيها ولا يرتضيها الطرف الرادع، وذلك بإشعاره أن المخاطر التي سيتعرض لها، أو التكاليف الواجب عليه دفعها ستكون أكبر من المنافع التي يمكن أن يحصل عليها أو يجنيها من جراء إقدامه على ذلك العمل أو تلك السياسة.

لقد عرف (بوفر) الردع بالقول، إنه يهدف إلى (منع دولة معادية من اتخاذ القرار باستخدام أسلحتها، أو بصورة أعم، منعها من العمل أو الرد إزاء موقف معين، باتخاذ مجموعة من التدابير والإجراءات التي تشكل تهديداً كافياً)[19].

يتضح من التعريف أن الردع ينطوي على معنيين، فهو يستخدم كسياسة وكأسلوب في العمل الإستراتيجي. والردع كسياسة ينصرف إلى نقل موقف معين، أو نيَّة ما إلى الخصم من أجل العدول عن فعل يريد المباشر به، أو

الابتعاد عن نية القيام بفعل لا يرتضيه المُهَدِد. وهو كإستراتيجية، يسعى إلى توظيف وسائل القوة عن طريق التهديد بأستخدامها لضمان أوضاع لا يرغب الطرف الرادع أن تتغير، ذلك أنها تتوافق مع أهداف سياسته العليا، أو أنها تنسجم معها.

والأساس النظري الذي تُبنى عليه فكرة (المنع) هو التهديد بمباشرة القوة لمنع الطرف المعني من تنفيذ ما ينوي الإقدام عليه. وهنا تدخل القوة، بدلالة القدرة على إنجاز الفعل المؤثر، عاملاً حاسماً في إقناع الخصم على الامتثال لإرادة الطرف الذي ينفرد بسمة التفوق فيها، وبذلك يصبح التفوق الحاسم هو مفتاح الردع، ودون سواه لا يؤمن الردع مبتغاه.

والردع هو حوار الإرادات المتصارعة بين خصمين يرمي أحدهما، أو كلاهما، إلى منع الطرف الآخر من القيام بعمل أو أعمال لا يرتضيها. وبهذا المعنى، فإن الردع يعتمد على ركنين أساسيين: أحدهما مادي، والآخر معنوي. وينطوي الركن المادي على تأمين كل مقتضيات القدرة ومستلزماتها على إنزال العقاب، وعلى نحو لا يقبل الشك باستخدام القوة. أما الركن المعنوي فهو يتضمن معنى سيكولوجياً - نفسياً غايته إيقاع التأثير النفسي في الخصم من خلال إقناعه بجدوى الانصياع للطرف الرادع، وبخلافه فإن الخصم سيتلقى عقاباً لن يكون بمقدوره تحمل كلفته.

وامتناع الخصم عن المباشرة بالعمل هو في الواقع متأتٍ من نتيجة إدراكه بكلفة المخاطر التي قد يتعرض لها. وبذلك ينطوي الردع على عملية حسابية، أو موازنة عقلانية تقارن بين المغانم التي يمكن الحصول عليها أو المنافع التي يمكن جنيها، والخسائر التي يتوجب دفعها أو تحملها من جراء الإقدام على عمل لا يكون موضع رضا أو قبول من قبل الطرف الرادع.

فالردع، هو أولاً وقبل كل شيء، فعل يستهدف عقل الخصم وليس فعله، حيث ينتج التأثير على إدراكه امتناعاً عن ما ينوي القيام به. ويكون التهديد

باستخدام القوة جزءاً متمماً ولا غنى عنه لإيقاع التأثير في الجانب النفسي للخصم.

وفضلاً عن التهديد، يعتمد الردع أيضاً على المصداقية. فحتى يؤتي الردع ثماره، على الطرف الـمُهدِّد أن يظهر للطرف الـمُهدَّد قدراً عالياً من الصدق من في تنفيذ ما توعد به. وهنا تكون المصداقية أساس الإدراك الردعي لدى الخصم، حيث تزرع القناعة لديه بأنه سيعاقب بشدة إن أقدم على فعل يراه الـمُهدِّد يستدعي الرد الانتقامي الصارم. فالعزم والصدقية على تنفيذ العقاب هو أساس القوة الرادعة، إذ ليس من المنطق أن يصدر التهديد ما لم يقترن بالعزم والتصميم على التنفيذ، وهذا هو مبعث المصداقية فيه.

نظرية الردع، وبهذا المعنى، تستند إذن على جملة ثوابت: أنها تفترض أولاً توفر المقدرة على التهديد بالانتقام وإلحاق الأذى الفادح بالخصم إن هو أقدم على عمل يخرج عن ما يريده الطرف الرادع. وثانياً، أنها تفترض التصميم على استخدام المقدرة الثأرية دون أن يترك ذلك أي إحساس لدى الطرف المرتدع باستعداد الطرف الرادع على التراجع. أما العنصر الثالث فيتمثل بالقدرة على الإضرار بالخصم بدرجة تفوق ما قد يتوقعه من مكاسب نتيجة مباشرته بعمل لا يرتضيه الطرف الرادع حيث يلغي عنده حتى الهامش الضيق إن وجد، بأنه قادر على إحراز نتائج حاسمة في مقابل خسائر محدودة، يمكن تحملها فيما لو أقدم على الخيار العسكري. إذن نظرية الردع تشترط توافر جملة عناصر:

1. امتلاك القدرة على إيقاع التأثير المادي والمعنوي في الخصم.

2. إن امتلاك القدرة على إيقاع التأثير بجانبه المادي والمعنوي هو الذي يؤهل من يمتلكها على ممارسة التهديد بها.

3. أن التهديد القابل لتصديق من قبل الخصم يؤثر في قناعاته وينسحب إلى إرادته ليدفع به إلى الامتناع عن سياسات أو اتخاذ قرارات لا تنسجم مع إرادة الطرف المهدد.

4. إذا لم يستجب الطرف المهدَّد لإرادة الطرف المهدِّد فعليه أن يتوقع عقاباً لا يكون قادراً على تحمله.

هذه الاشتراطات هي بمثابة مظاهر أساسية لأية سياسة ردعية، وهي تميل إلى أن تكون ثابتة وغير قابلة للتلاعب بعناصرها أو مكوناتها البنائية. ومظاهر الثبات هذه تقودنا إلى القول، إن الردع الناجح هو محصلة تفاعل المقدرة الانتقامية، وصدق النوايا لتنفيذ التهديد وتحويله إلى عقاب. يضاف إلى ذلك، قناعة الخصم واستجابته لطبيعة التهديد المسلط عليه.

هنا علينا أن نلاحظ، أن هذه الثوابت، تشكل من حيث أدائها الوظيفي، وحدة متكاملة، ذلك أن غيابها أو تعطل أداء أحد عناصرها يجعل الردع يفشل في تحقيق مسعاه، وعندها تتلاشى أمامنا هذه الظاهرة.

يمكن أن نستنتج في ضوء ما تقدمنا به، أن الردع سياسة تنصرف إلى تحقيق أهداف دون أن تقترن بأفعال مباشرة. وبالتالي فهو، أي الردع، لا ينطوي على الاستخدام الفعلي للقوة. إنه تهديد بها وليس استخداماً لها، يظهرها الرادع ولا ينفذها بحق المرتدع، إنها تستخدم بهدف تخويف الخصم عن طريق زرع القناعة لديه بالقدرة على الاقتصاص منه ومن دون أن تتحول النوايا إلى فعل يلحق الأذى به. وهذا الحد الفاصل بين التهديد باستخدام القوة، أو استخدامها فعلاً، هو الذي يشكل معنى الردع وكنهه. وبخلافه، أي عندما يتحول التهديد إلى عقاب، فإننا والحالة هذه، لا نكون أمام وضع رادع، بل وضع اشتباك واقتتال فعلي للإرادات المتصارعة، حيث تكون القوة، وبمختلف أشكالها، قد عبَّرت عن نفسها بشكل سافر، وعند هذه اللحظة يكون الردع قد عجز عن تأمين غاياته الأساسية.

إلا أن الردع كسياسة، أو كصيغة للعمل الإستراتيجي في ميدان العلاقات الدولية تأثر، ومن حيث أدائه الوظيفي، بنوعين من الأسلحة المستخدمة والمستحدثة، ما نتج عنها نوعين من الردع هما، الردع التقليدي والردع النووي.

1. نظرية الردع في ظل نظام توازن القوى التقليدي:

مثلت الفترة الممتدة من القرن السابع عشر وحتى منتصف القرن العشرين، وتحديداً بعد انتهاء الحرب العالمية الثانية من ذلك القرن، الفترة النموذجية لنظام توازن القوى بمفهومه التقليدي حيث دخلت الدول الأوربية في تحالفات مع بعضها في مواجهة غيرها تحقيقاً لهذا المبدأ، أي مبدأ التوازن.

ومما لاشك فيه، أن الدافع وراء تلك القوى لإقامة تحالفاتها هذه هو تحقيق أعلى مستوى من الردع الفعال في مواجهة الغير من الدول الأخرى التي قد يدفع بها نفوذها المتنامي وقدراتها المتزايدة إلى تحقيق أطماع ومكاسب توسعية ما ينتج عنه أضرار بمصالح الآخرين ومحدثاً تغيرات في الوضع الكائن.

لقد وصفت نظرية الردع في هذه المرحلة كونها تقليدية، وذلك بدلالة نوعية وطبيعة الأسلحة المستخدمة فيها، وتمييزاً لها عن نظرية الردع النووي المحكومة بنظام الأسلحة النووية. لذا كان الردع في ظل نظام توازن القوى التقليدي يقوم على فكرة القدرة على تحقيق الانتصار في الحرب إذا ما قدر لها أن تندلع بإلحاق هزيمة ساحقة بالعدو ودحره وتدمير جيوشه، بل وحتى إمكانية احتلال أرضه، أو على الأقل، فرض الإرادة السياسية بعد الانتصار عليه عسكرياً، إذا لم يستجب الطرف الآخر لمطالب الطرف الرادع.

وعليه، كان الخوف من العقاب، إذا ما تم تجاهل تهديدات الطرف الرادع، يتوقف وإلى حد بعيد، على تقدير من هو الطرف الذي يملك القدرة على الانتصار في الحرب. لذلك أيضاً، كان التهديد بالعقاب، الذي يعتمد تنفيذه على إلحاق الهزيمة في الحرب، يشكل رادعاً للعدو. فالتقدير الصحيح للثمن الواجب دفعه في حالة عدم انصياع الطرف المرتدع لشروط الطرف الرادع كان مرتبطاً على الدوام بقياس الطرف المرتدع لاختلال، أو عدم توازن العوامل التي تسهم في بناء قدرته وتجعله متراجعاً بالقياس مع تلك العوامل التي تبنى عليها قدرة الطرق الرادع وتجعله في وضع يتفوق فيه على خصمه.

فالردع يتحقق هنا عندما يتأكد الفارق النوعي والكمي للعوامل التي تتشكل منها القوة المادية وغير المادية، والتي تكون بحوزة أي من الطرفين المتقابلين عندما تترجم إلى قدرة فعلية لممارسة تأثير ناجع أو سلوك ضاغط على الطرف الآخر.

وعليه، فكانت قيمة الردع وآلية عمله وشروط نجاحه تعتمد جميعها على تلك العوامل التي تزيد من حالة الاقتدار العسكري التي يملكها طرف معين؛ لتجعل من مسألة الحرب قضية خاسرة لغيره، ومقترنة بثبوتية الانتصار وحتميته بالنسبة إليه. والقوة المتفوقة والقادرة على ممارسة تأثير رادع وفعال يدخل في بنائها مكونات عدة:

المكون الأول: التفوق في عنصر الكم البشري الموظف في القتال، أي التفوق في عدد المقاتلين الذين يشكلون جيش الدولة. إن عدد الجيوش المقاتلة وطريقة تشكيلها (ألويه، فرق، فيالق) وكيفية نشرها وتوزيعها في ميدان المعركة مع القوات المتجحفلة معها، وحجم القوات المساندة لها، فضلاً عن الجهد العملياتي - التعبوي وكيفية إدارته ضمن خطط السوق الميدانية، جميعها تشكل عنصراً من أهم عناصر التفوق العسكري، وتأمين القدرة على كسب الحرب وإلحاق الهزيمة بالعدو.

إن إدراك قوة هذا المكون من قبل العدو يحمله على التفكير مسبقاً باحتمالات خسارته عسكرياً، مما يجعل من هذا العامل رادعاً يقيد من حركته ويمنعه عن القيام بأعمال غير مرغوب فيها.

المكون الثاني: التفوق في أسلحة القتال كسلاح المدفعية والدروع وسلاح الطيران لتأمين كثافة نيران، وقوة تدمير يصعب تفاديها أو التفوق عليها.

المكون الثالث: التفوق في مجال المناورة الميدانية كتأمين عنصر المفاجأة، أو المبادرة بالضربة الأولى وشن هجوم واسع النطاق يستهدف مراكز قيادة العدو ومفاصل تجمع قواته وقطعاته الهجومية الأمامية، وضرب طرق مواصلاته

وخطوط إمداداته ومراكز الإسناد الخلفية ونقاط الدعم اللوجستية. كذلك تأمين القدرة على المناورة وسرعة نقل المعركة في ميادين وجبهات متعددة بفتح أكثر من جبهة واحدة بغية إرباك العدو وإضعاف سيطرته الميدانية.

المكون الرابع: التفوق في مجال المناورة السياسية لتأمين جبهة واسعة من التحالفات العسكرية تتجسد في تعدد القوى المتحالفة ضد العدو حيث يصعب عليه مواجهتها والانفتاح عليها. وبالمقابل يجري العمل على إضعاف تحالفات العدو العسكرية والسياسية، الأمر الذي يزعزع إرادته ويزرع الشك بطبيعة قدراته، مما يضعف لديه نزعة الميل إلى الحرب أو استخدام القوة العسكرية في مواجهة الغير.

هذا المكون مثلته سياسة توازن القوى، حيث إن التوزيع المتكافئ للقوة بصيغة الأحلاف والأحلاف المضادة يشكل رادعاً على إرادة الدول في النزوع لإثارة الحروب. كذلك نظام الأمن الجماعي الذي يهدف أولاً وقبل كل شيء إلى الحيلولة دون تغيير الواقع الدولي، أو الإخلال بأوضاعه وعلاقاته، أو تبديلها في الاتجاه الذي يخدم مصلحة إحدى الدول على حساب غيرها، وذلك عن طريق اتخاذ إجراءات وتدابير دولية جماعية كقوة ضغط رادعة لمحاولات التغيير.

وعليه يمكن القول إن نظامي توازن القوى والأمن الجماعي قاما في جوهرهما على فكرة الردع. بل إنهما شكلا إحدى الركائز القوية لإستراتيجية الردع التقليدي، ذلك أنهما يحولان دون إقدام دولة ما على استخدام قواها بهدف الإخلال بالأوضاع القائمة، وهذا لا يمكن أن يُحقق الأمن خلال مواجهة العدوان بقوة أكبر منه، ويكون بمقدورها رفع درجة المخاطرة أمامه بوصفها أكبر القوى الرادعة لإيقافه وإحباط محاولاته وشل إمكاناته في حرية التصرف.

وترتبط هذه النتيجة بالافتراض الذي يتبناه النظامان، توازن القوى والأمن الجماعي، والذي يشكل أساس فكرة الردع، وهو أن السلوك الدولي يبني على

عنصر الترشيد، أي الميل إلى إجراء موازنات مستمرة بين جانبي المخاطرة المحتملة والمزايا المتوقعة حتى إذا ما كانت حسابات المخاطرة أعلى من حسابات المنافع المتوقعة امتنعت الدول وأحجمت عن ممارسة العدوان بما يبقي على إطار الوضع القائم دون تغيير.

وإذا كان تطبيق فكرة الردع في نظام توازن القوى ينصرف إلى التعاون النسبي في توزيع قوة المحاور، أو الأحلاف والأحلاف المضادة، فإن هذه الفكرة، أي فكرة الردع، تنصرف في نظام الأمن الجماعي إلى التفوق الساحق في قوة المجتمع الدولي في مواجهة الدولة المعتدية، أو التي تحمل سياساتها نوايا عدوانية.

2. نظرية الردع في ظل نظام توازن القوى النووي:

اكتسب مفهوم الردع في ظل نظام الأسلحة النووية معنى أكثر عمقاً وأهمية عن ما كان عليه في عصر الأسلحة التقليدية. وتكفي الإشارة إلى أن الردع التقليدي، ورغم أهمية العناصر والمكونات التي كان يتشكل منها، إلا أنه لم يمنع القوى الأوربية من الدخول في حروب طاحنة، كان آخرها الحرب العالمية الثانية من القرن الماضي.

ولكن، وبعد انتهاء هذه الحرب، ومع ظهور السلاح النووي، لم تشهد أوربا لا بقواها الرئيسة، ولا بالقوتين العظميين، الاتحاد السوفيتي والولايات المتحدة الأمريكية، حروباً كتلك التي كان يعجُّ بها المسرح الأوربي ومناطق أخرى من العالم قبل الثورة النووية في ميدان التسلح، رغم تنوع وتعدد المصالح وتعقدها وتشابكها وتضاربها، ورغم حدَّة الضغوط التي كانت تفرضها الأيديولوجيات المتعصبة والمتشددة في تأكيدها على مبدأ حتمية الصراع وضرورة إنهاء الآخر وإقصائه بالقوة العسكرية، رغم ذلك كله، لم تقع الحروب سواء على مستوى القوتين العظميين المتسلحتين بالأسلحة النووية، حيث انتقلت بسياساتها من حتمية الصراع إلى إمكانية التعايش السلمي والانفراج

في علاقاتهما الثنائية، ولا على مستوى القوى الأوربية الكبرى المنطوية تحت مظلتيهما.

وفي الواقع، فإن غياب الحرب بين القوى الأساسية والفاعلة في النظام الدولي مرده إدراك هذه القوى للطبيعة المدمرة والأكثر شمولية وعلى نحو غير مسبوق للسلاح النووي.

هذه الفاعلية المتناهية لقوة التدمير المترتبة على استخدام السلاح النووي هي التي جعلت من قيمة الردع غير قابلة للقياس بالمقارنة مع قيمة الرادع التقليدي، ذلك أن الأول (السلاح النووي) يتميز عن الثاني (السلاح التقليدي) ويتفوق عليه بنوع وطبيعة وحجم الثمن الواجب دفعه إذا ما تحول الردع إلى عقاب. فالحرب النووية، إذا ما قدر لها أن تقع، فإن الأثر المترتب عليها سيكون شاملاً ومتبادلاً، وعند ذلك يلغى التمييز بين طرف منتصر وآخر منهزم، حيث لا طرف غالب ولا طرف مغلوب. مثل هذه النتيجة فرضت على القوى النووية قيوداً متبادلة، ذلك أن الردع فيها بقدر ما أصبح ردعاً متبادلاً، فإنه جعل من مسألة الحرب تمثل خياراً غير عقلاني لأشكاليات يمكن حلها سياسياً وبالطرق السلمية والدبلوماسية بعيداً عن مخاطر استخدام السلاح النووي. وكما يذهب (اندريه بوفر) إلى أن الإستراتيجية التقليدية كانت تستند بصورة واضحة، وإلى حدٍ ما، على قدرة إيجابية، هي القدرة على الانتصار والغلبة، أي أن هذه الإستراتيجية لا تستند على القدرة بفرض الإرادة على الخصم فحسب، بل تستند أيضاً على تحقيق هذه النتيجة بصورة قليلة التكاليف نسبياً، إذا ما قورنت بمزايا الانتصار وأرباحه حيث يكون هناك طرف غالب أو منتصر، وآخر مغلوب أو منهزم.

ولكن، وبظهور السلاح النووي، برزت ظاهرة جديدة تماماً مفادها، أنه مهما كانت نتيجة النزاع، فإن الغالب والمغلوب سيدفعان الثمن باهظاً من جراء الدمار النووي المتبادل، ذلك أن أياً منهما لن يكون بمقدوره أن يحمي نفسه

بصورة فعالة. ولهذا كان على كل طرف من الأطراف أن ينصرف إلى تحقيق هدفه السياسي بالعمل غير المباشر. وذلك بشلِّ خصمه، أي أنه يتوصل إلى ذلك بفضل قدرة سلبية تسمح له بتجنب الاختبار الأكبر للقوة بفضل قدراته الرادعة، ولا يحاول تحقيق هدفه أبداً بواسطة الانتصار العسكري، ذلك أن الانتصار العسكري يمثل قدرة إيجابية كثيرة المخاطر إلى الحد الذي يلغي الاستعداد على تحملها. إنَّ شلَّ الخصم وردعه وإرغامه بوسائل أخرى سياسية غير عسكرية، هو الأكثر قبولاً من الناحية الواقعية والعقلانية معاً.

قامت نظرية الردع النووي في بدايتها على مبدأ القدرة على التدمير بالضربة الأولى أي بقدرة أي من الطرفين، الأمريكي أو السوفييتي، بتوجيه ضربة نووية استباقية لخصمه تفقده القدرة على الرد النووي، ولتأمين عجز الخصم على الرد، كان يفترض أن تكون الضربة الأولى ساحقة وشاملة ومستهدفة لكل أسلحة العدو النووية. وتبعاً لذلك كان الردع المتحقق هو نتاج الخوف المتبادل من أن يقدم أي من الطرفين على توجيه ضربة نووية استباقية ساحقة.

ولضمان امتلاك هذه القدرة اندفعت القوتان العظيمتان إلى عملية سباق تسلحي في الميدان النووي لا تعرف حدوداً لتستقر عندها، الأمر الذي وصل بهما إلى ما وراء نقطة التشبع، وعندها حلت نظرية إستراتيجية بديلة قائمة على فكرة القدرة على التدمير بالضربة الثانية وأصبح الردع معها ممثلاً بما يعرف بالردع النووي المتبادل، أي قدرة كل من الطرفين الأمريكي والسوفييتي على تدمير بعضهما تدميراً كاملاً ونهائياً في حالة وقوع حرب نووية بينهما، وتحت أي ظرف من ظروف المبادأة، بفعل امتلاكهما المقدرة الثأرية أو الرد الانتقامي بالضربة الثانية. وهذه الحقيقة المهمة هي التي جعلت من الحرب النووية تمثل حرب انتحار متبادل لأطرافها.

إذن الإستراتيجية النووية قامت على فكرة الردع النووي المتبادل وخلقت بالتالي وضعاً إستراتيجياً عرف بتوازن الرعب النووي الذي استمد فاعليته من حقيقة مهمة تتمثل في نجاح القوتين العظميين في تنمية قدراتهما النووية

بشكل هائل والوصول بها إلى مستوى القدرة على التدمير بالضربة الثانية، بعد أن كان جوهر الإستراتيجية النووية قائماً على مبدأ القدرة على التدمير بالضربة الأولى، أي إذا تعرضت الولايات المتحدة الأمريكية لهجوم نووي سوفييتي، مهما كان عنفه وشموله، يظل بمقدورها أن تستوعب صدمات الضربة الأولى التي وجهت إليها، ومن ثم الرد بضربة ثأرية انتقامية ساحقة ضد الاتحاد السوفيتي مستهدفة مختلف مراكزه الصناعية والسكانية والإستراتيجية(20).

الفصل الرابع

نظرية الأمن الجماعي

الأساس الذي تنهض عليه نظرية الأمن الجماعي ينطلق من افتراض مفاده، أن وجود نظام تحكم قواعد بانضباطية عالية العلاقات ما بين الدول أعضاء المجتمع الدولي، من شأنه أن يسهم في حفظ السلام والأمن الدوليين، بعدما فشل نظام توازن القوى في تحقيق هذه الغاية، وهذا يتطلب توافر قوة جماعية للمجتمع الدولي تكون قادرة على مواجهة أي تهديد للسلم الدولي، أو أي اعتداء تتعرض له إحدى الدول من قبل دولة أخرى، وذلك باتخاذ إجراءات وتدابير دولية مشتركة لقمع وإجهاض محاولات العدوان هذه. فنظام الأمن الجماعي يقوم إذن على فكرة مواجهة القوة المسلحة الساعية لتغيير حقائق الأوضاع القائمة والإخلال بالسلم والأمن الدوليين بقوة أخرى مضادة وبجهد دولي مشترك يضمن التفوق عليها بهدف منعها، عن طريق ردعها، لإحداث هذا التغيير، وذلك باعتبار أن الأمن الدولي لا يمكن ضمانه إلا من خلال وجود قوة جماعية تتجاوز قوة أية دولة قد تلجأ إلى الاستخدام غير المشرف للقوة وعلاقاتها مع غيرها من الدول باتخاذ تدابير عقابية ضدها.

وعليه، فإن القناعة والإدراك المسبق الذي يتشكل عند أية دولة فيما لو استخدمت قوتها العسكرية على نحو مشروع وخارج مقتضيات الشرعية الدولية وبالشكل الذي يهدد ركائز السلم والأمن الدوليين. وأن سياسات العدوان هذه ستواجه بتدابير دولية جماعية كقوة ضاغطة ومضادة لها هو الذي يعمل على ردعها أو منعها من الإقدام على هذه السياسة ويضمن الإبقاء على الوضع الدولي القائم دون تغيير. بمعنى آخر، أن مجرد التهديد باستخدام قوة المجتمع الدولي ضد أي دولة تفكر في اقتراف العدوان

سيجعلها تحجم عن الدخول في مخاطرات تعلم مقدماً أنها ستكون الخاسرة من ورائها، سواء كانت هذه القوة الدولية الجماعية عسكرية أو اقتصادية.(21) ويطرح نظام الأمن الجماعي جملة افتراضات تشكل أساس منطلقاته النظرية:

1. وحدة مسألة الأمن كموضوع: أي اعتبار الأمن الدولي والأمن القومي لأية دولة يمثل وحدة متكاملة غير قابلة للتجزئة.

2. ويترتب على ما تقدم، إذا تعرض الأمن الدولي لتهديد من قبل دولةٍ ما، أو مجموعة قوى فإن الدول الأخرى الأعضاء في المجتمع الدولي عليها أن تعتبر أن هذا التهديد موجه لأمنها، مما يفترض اتخاذ تدابير دولية لمواجهته.

3. لا يحق لأية دولة أعفاء نفسها من متطلبات المشاركة الجماعية الدولية في الحفاظ على السلم والأمن الدوليين وتحت أية ذريعة، كابتعادها عن مصدر التهديد بحجة أن هذا التهديد لا يمسها مباشرة، أو أن علاقاتها لا تفرض عليها المشاركة للتصدي له، ذلك أن مفهوم الأمن الجماعي يقتضي مواجهة التهديد مهما كانت مصادره وأياً كانت القوى التي يتحرك في إطارها.

4. على الدول الأعضاء في المجتمع الدولي، وفي حال وقوع عمل عسكري عدواني، أن تستجيب بعمل عسكري سريع وفوري إلى تطويقه للحيلولة دون اتساع نطاقه وتفاقم آثاره الدولية.

5. أن التدابير الدولية المتخذة وضخامة حجمها يوفر لها القدرة على ردع العدوان قبل وقوعه، وذلك عندما تدرك الدولة التي تحاول العدوان أنها لا تستطيع أن تقاوم قوة أكبر منها، وأن سياساتها ستقودها إلى هزيمة أكيدة.

6. أن يكون العمل، وفق متطلبات نظام الأمن الجماعي، في إطار مؤسسة دولية تأخذ على عاتقها حماية الأمن والسلم الدوليين وتعمل على

تطبيق هذا النظام وتضمن كفاءة أدائه والتزام الدول الأعضاء فيها، والذين هم أعضاء المجتمع الدولي، بالشروط الواجب اتباعها والمسؤوليات الملقاة على عاتقهم بهدف إنجاح هذا النظام وضمان سير عمله.

هذا وقد تم تبني هذا النظام بعد أن تأسست عصبة الأمم بموجب معاهدة فرساي عام 1919، التي باشرت بممارسة اختصاصاتها كمنظمة دولية عام 1920. وقد وردت في المادة (11) من عهد العصبة مبدأ المسؤولية الجماعية للدول الأعضاء إزاء كل ما يقع في المجتمع الدولي من حرب أو تهديد بالحرب وسواء أثرت هذه الأوضاع بطريقة مباشرة وعاجله في أمن كل دولة عضو أو لم تؤثر.

أما المادة (16) فقد نصت على (إذا التجأت إحدى الدول الأعضاء في العصبة إلى الحرب متجاهلة بذلك التزاماتها الواردة في المواد (12) و (13) و (14) "فإن هذا العمل العدواني كان ينظر إليه على أنه موجه ضد كل الدول الأعضاء في العصبة وبدون استثناء). وقد حددت الفقرة (1) من المادة (16) أن وسيلة الرد قد تكون بفرض عقوبات اقتصادية، أو قد تكون باتخاذ تدابير عسكرية بموجب الفقرة (2) من المادة (16)، أو قد تكون وسيلة الرد سياسة كقطع العلاقات الدبلوماسية، أو فصل الدولة من العصبة، وهذا ما جاءت عليه الفقرة (4) من المادة (16) أيضاً.

وخارج هذه النصوص التي حددها عهد عصبة الأمم لضمان تطبيق نظام الأمن الجماعي، جاءت محاولات عديدة بهدف تعزيز وتفعيل آلياته منها:

1. معاهدة المساعدات المتبادلة عام 1923، التي تعتبر الحرب العدوانية جريمة دولية، ويعطى لمجلس العصبة السلطة في تحديد الطرف المعتدي والمساعدات التي تقدم للدولة المستهدفة بالعدوان.

2. بروتوكول جنيف عام 1924، حيث تعهدت فيه الدول الأعضاء بالامتناع عن اللجوء إلى الحرب إلا من أجل الدفاع الشرعي عن النفس.

3. ميثاق لوكارنو 1925، الذي عالج مشاكل الحدود بين كل من ألمانيا وفرنسا وبلجيكا وبريطانيا، وخصوصاً بين ألمانيا وجاراتها، وقبول اتفاقيات التحكيم بهدف أن لا تتحول النزاعات الحدودية، إلى نزاعات مسلحة تهدد ركائز السلم والأمن الدوليين.

4. ميثاق بريان - كيلوج 1928 بين وزير خارجية فرنسا (ارستيد بريان) ووزير خارجية الولايات المتحدة (فرانك كيلوج) حول نبذ الحرب كوسيلة وأداة في السياسة الدولية. وقد تم التوقيع على هذا الميثاق من قبل جميع الدول المستقلة، وأصبح أول وثيقة دولية تحرم لجوء الدول إلى الحرب في العلاقات الدولية.

وفي الواقع، فإنه على الرغم من كل تلك الجهود المبذولة لضمان تطبيق نظام الأمن الجماعي إلا أنها لم تمنع قيام النزاعات والحروب التي اندلعت في الثلاثينيات من القرن الماضي والتي قادت إلى الحرب العالمية الثانية. فالدول الكبرى، وفي غياب أي تعريف للعدوان، استمرت تعلل الحروب التي تقوم بها بالدفاع عن النفس. وقد مثل هذا العامل (غياب تعريف محدد للعدوان ولجوء الدول إلى استخدام قوتها العسكرية تحت ذريعة الدفاع عن النفس) من أهم العوامل التي أدت إلى فشل تطبيق نظام الأمن الجماعي في ظل عصبة الأمم.

يضاف إلى ذلك، أن بعض القوى الأساسية لم تنضم إلى المنظمة، كالولايات المتحدة الأمريكية، أو انضمت إليها في وقت متأخر كألمانيا التي لم يتم قبول عضويتها إلا في عام 1926، والاتحاد السوفييتي عام 1934. كما أن بعض الدول أعلنت انسحابها من العصبة لتنصرف إلى سياسات وجدت فيها خير وسيلة لتحقيق مصالحها وأطماعها خارج هذه المنظمة، كألمانيا التي انسحبت عام 1933، وكذلك انسحاب اليابان في العام نفسه.

من ناحية أخرى، وجدت بعض الدول في سياسة عقد المعاهدات الأمنية الضامنة والمتبادلة صيغة بديلة عن ما يمكن أن توفره عصبة الأمم من حماية

أمنية على المستوى الجماعي. فعقدت فرنسا ملف الوفاق الصغير، مع كل من جيكوسلفاكيا عام 1924، ورمانيا 1926 ومملكة الصرب 1927. وعقدت إيطاليا تحالفاً دفاعياً مع البانيا عام 1926، ومع اليونان عام 1928. وفي عام 1933 وقعت كل من ألمانيا وفرنسا وبريطانيا وإيطاليا على معاهدة تنظيم علاقاتها خارج إطار عصبة الأمم. وفي بداية عام 1934 عقدت معاهدة أمنية بين كل من رومانيا واليونان وتركيا ويوغسلافيا. وفي عام 1936 أقيم محور روما - طوكيو انضمت إليه ألمانيا فيما بعد ليمثل أقوى تكتل في المجتمع الدولي آنذاك. فضلاً عن ما تقدم، لم تمتنع بعض الدول الأعضاء عن استخدام القوة العسكرية في علاقاتها مع غيرها. فالقوات اليابانية دخلت إلى مقاطعة منشوريا في الصين عام 1931 وهاجمت إيطاليا دولة أثيوبيا العضو في عصبة الأمم عام 1935، واندلعت الحرب الأهلية في أسبانيا عام 1936، واندلع النزاع بين ألمانيا وبولندا عام 1939. وبالمقابل، وأمام كل هذه المشكلات والأزمات وسياسات التكتل والحروب لم تتخذ عصبة الأمم إجراءات رادعة وحاسمة بشأنها، مما مهد إلى اندلاع الحرب العالمية الثانية لتنهار معها عصبة الأمم بنظام أمنها الجماعي.

وعندما نشأت الأمم المتحدة عام 1945 بعد انتهاء الحرب العالمية الثانية جاء في مقدمة أهدافها موضوع حفظ السلم والأمن الدوليين حيث نصت عليه الفقرة الأولى من المادة الأولى للميثاق، وذلك بالتأكد على ضرورة اتخاذ التدابير المشتركة والفعالة لمنع الأسباب التي تهدد السلم والعمل على إزالتها، ومنها أعمال العدوان وغيرها من وجوه الإخلال بالسلم، والعمل على حل الخلافات والمنازعات الدولية بالوسائل السلمية وفقاً لمبادئ العدل والقانون الدولي. وكان من بين الأدوات الضامنة لتحقيق الهدف هو أن يجري العمل على تفعيل نظام الأمن الجماعي. أما الأسس التي أرساها ميثاق الأمم المتحدة لنظام الأمن الجماعي، فقد ورد ذكرها في الباب السابع الذي خصص بكامله لكل ما يتعلق بالتهديدات الموجة ضد السلام والأمن الدوليين إذ نصت المادة

(39) من الميثاق (يقرر مجلس الأمن ما إذا كان قد وقع تهديد للسلم أو الإخلال به أو كان ما وقع من أعمال العدوان. ويقدم في ذلك توصياته أو يقرر ما يجب اتخاذه من تدابير طبقاً لأحكام المادتين (41) و (42) لحفظ السلم والأمن الدولي أو إعادته إلى نصابه). ويفهم من ذلك، أن هذه المادة أعطت لمجلس الأمن سلطة تقدير الحالة فيما إذا كانت تعد عملاً عدوانياً وتهدد السلم والأمن الدولي أم لا، أي أنها لا تعد كذلك. كما أنها منحت المجلس أيضاً صلاحيات اتخاذ ما يراه مناسباً من إجراءات لمواجهة حالة العدوان. أما المادة (40) فقد خولت مجلس الأمن اتخاذ تدابير مؤقتة في مواجهة الأطراف المتنازعة كدعوتها لوقف إطلاق النار، وسحب قواتهم إلى مواقعها بعد وقف إطلاق النار وإقامة مناطق منزوعة السلاح وعقد هدنه بينهما. أما المادة (41) فإنها خولت مجلس الأمن باتخاذ تدابير غير عسكرية لتنفيذ قراراته في مواجهة حالات العدوان كالمقاطعة الاقتصادية وقطع العلاقات الدبلوماسية إذ نصت على (لمجلس الأمن أن يقرر ما يجب اتخاذه من التدابير التي لا تتطلب استخدام القوات المسلحة لتنفيذ قراراته، وله أن يطلب إلى أعضاء الأمم المتحدة تطبيق هذه التدابير، ويجوز أن يكون من بينها وقف الصلات الاقتصادية والمواصلات الحديدية والبحرية والجوية والبريدية والبرقية واللاسلكية وغيرها من المواصلات وقفاً جزئياً أو كلياً وقطع العلاقات الدبلوماسية).

أما المادة (42) فقد منحت مجلس الأمن سلطة اتخاذ تدابير عسكرية ضد حالات العدوان إذا وجد أن الإجراءات السابقة غير وافية بغرضها لحفظ الأمن، إذ نصت (إذا رأى مجلس الأمن أن التدابير المنصوص عليها في المادة (41) لا تفي بالغرض أو ثبت أنها لم تف به، جاز له أن يتخذ بطريق القوات الجوية والبحرية والبرية من الأعمال ما يلزم لحفظ السلم والأمن الدولي أو لإعادته إلى نصابه. ويجوز أن تتناول هذه الأعمال المظاهرات والحصر والعمليات الأخرى بطريق القوات الجوية والبحرية والبرية التابعة لأعضاء الأمم المتحدة).

وتضمنت المادة (43) تأكيدات واضحة على تعهد جميع الأعضاء أن يضعوا تحت تصرف مجلس الأمن، بناء على طلبه، ما يلزم من القوات المسلحة والمساعدات والتسهيلات الضرورية لحفظ السلم والأمن الدوليين، ومن ذلك حق المرور، وأن يحدد عدد هذه القوات وأنواعها ومدى استعدادها ونوع التسهيلات والمساعدات التي تقدم. أما المادة (45) فقد نصت على ضرورة اتخاذ التدابير الحربية العاجلة عن طريق وحدات جوية يمكن استخدامها فوراً لأعمال القمع الدولية المشتركة. ونصت المادة (46) على (أن مجلس الأمن يساعده في ذلك لجنة أركان الحرب هو الذي يتولى وضع الخطط اللازمة لاستخدام القوات المسلحة. وأن تشكل لجنة أركان الحرب من رؤساء أركان حرب الأعضاء الدائمين في مجلس الأمن، أو من يقوم مقامهم، وأن تدعو اللجنة أي عضو في الأمم المتحدة من الأعضاء غير الممثلين بصفة دائمة للاشتراك في عملها)، وهذا ما جاءت عليه المادة (47). كما أكدت المادة (49) على تضافر أعضاء الأمم المتحدة على تقديم المعونة المتبادلة لتنفيذ التدابير التي أقرها مجلس الأمن.

رغم كل ما تقدم، ثمة ملاحظة ملفتة للانتباه وهي، أن تطبيق نظام الأمن الجماعي من خلال تكوين أو تشكيل قوات مسلحة تابعة لمجلس الأمن تتولى القيام بهذه المهمة، وكما أكدت المادة (43)، لم يتم تحقيقه لأسباب عدة يأتي في مقدمتها الصراع الأيديولوجي بين القوتين العظيمتين، وعلى نطاق أوسع بين المعسكرين المتصارعين الاشتراكي بزعامة الاتحاد السوفيتي والرأسمالي يزعامه الولايات المتحدة الأمريكية، مما قيد حرية مجلس الأمن في أن يمارس دوره على نحو محايد، بل وأن دوره تعطل تماماً لأن يأخذ بحرفية هذه المادة ويعمل على تطبيقها، أي المادة (43)، مما دفع بالأمم المتحدة إلى تكوين قوات بديلة سميت بـ (قوات حفظ السلام) التي سيكون لها شأن سياسي أكثر مما تقتضيه متطلبات العدالة التي جاء بها ميثاق الأمم المتحدة.

وقوات حفظ السلام تتألف من هيئة مراقبة تضم ضباطاً عسكريين،

ومهمة هذه الهيئة مراقبة النشاط العسكري لقوات الدول المتنازعة بعد تثبيت وقف إطلاق النار والعمل على استمراره والحيلولة دون انتهاكه، وهذه الهيئة أو البعثة ترافقها قوات مسلحة مهمتها الحفاظ على وقف إطلاق النار، والقيام بدور القوات العازلة بين قوات الأطراف المتنازعة ومنعها من العودة إلى القتال. وقوات حفظ السلام تتشكل من الدول الأعضاء بطلب من الأمين العام وبموافقة الدول ذاتها على القيام بهذه المهمة، على أن تكون هذه محايدة وغير منحازة لأي من الأطراف المتنازعة.

هذا وقد أنيطت عملية تشكيل قوات حفظ السلام إلى الجمعية العامة للأمم المتحدة، خلافاً للقوات المسلحة التابعة لمجلس الأمن والمسؤولة عن تطبيق نظام الأمن الجماعي الذي يهدف إلى مواجهة مصادر العدوان والخطر اللذين يهددان السلم والأمن عن طريق العمل الجماعي للقضاء عليهما، في حين نجد أن قوات حفظ السلام يقتصر عملها على المحافظة على وقف إطلاق النار، وإنهاء العمليات العسكرية، واحترام الهدنة، والعمل على تقريب وجهات نظر الأطراف المتنازعة إلا أن ما ينبغي التأكيد عليه، وكما ستتم الإشارة إليه فيما بعد، أن قوات حفظ السلام أريد لها، وبعد غياب الاتحاد السوفيتي وانفراد الولايات المتحدة بالزعامة العالمية، أريد لهذه القوات أن يكون من اختصاصها مهام أخرى، أو أن تكون منها وظائف أخرى تتجاوز قضايا الحرب والأمن التي تتطلبها عمليات حفظ السلام التقليدية التابعة للأمم المتحدة كممارسة الوظائف المدنية والإدارية في الإقليم المتواجدة عليه، أو مراقبة الانتخابات أو ممارسة بعض السلطات التنفيذية، الأمر الذي أثار إشكالية قانونية وسيادية على اعتبار أن جميع هذه المظاهر تعًد تدخلاً أجنبياً في الشأن الداخلي للدولة وانتقاصاً لمبدأ سيادتها.

هنا لابد الإشارة إلى أنه منذ نهاية الثمانينيات من القرن الماضي عندما بدأت ملامح تدهور القوة السوفيتية تبدو واضحة، وفي بداية التسعينيات من القرن نفسه عندما انهار الاتحاد السوفييتي وانفردت الولايات المتحدة بالقيادة

العالمية وهيمنت بشكل واضح على القرار الدولي، شاع خطاب سياسي يؤكد على ضرورة نشر الديمقراطية وحقوق الإنسان والتدخل لأسباب إنسانية...الخ حتى لو استوجب ذلك استخدام القوة المسلحة، وغالباً ما استخدمت قوات حفظ السلام كأداة لهذا التدخل. لكننا، ومن جانب آخر، نجد أن مجلس الأمن، وخلال مرحلة القطبية الثنائية، أو الزعامة الثنائية السوفييتية - الأمريكية، لم يسبق له أن تدخل في دولة ما بالقوة لأي أسباب، إنسانية كانت أو غير إنسانية، ديمقراطية أو غير ديمقراطية، إلا بعد موافقة الدولة المعنية(22).

وعلى هذا، مهما كانت المبررات، فإن هذا الاتجاه الجديد في العلاقات الدولية، والذي يبرر مسألة التدخل في شؤون الدول الأخرى تحت غطاء أو ذريعة الحاجات الإنسانية، أو الملاذات الآمنة، أو انتهاك حقوق الإنسان والقيم الديمقراطية، هو اتجاه مدان لأنه يعتبر انتهاكاً لأحكام المادة (7/2) من ميثاق الأمم المتحدة وأحكام القانون الدولي. وعليه، مهما كانت المسوغات والصيغ الذرائعيه تبرر أعمال قوات حفظ السلام وتدعو إلى استقدامها، فإنها لا تخلو من أغراض سياسية. بل إن الغرض السياسي فيها أكثر وضوحاً من الدوافع الإنسانية. فالملاحظ أن معظم عمليات حفظ السلام كانت تقودها الولايات المتحدة، وأن مناطق الأزمات التي تستوجب وجود قوات حفظ السلام هي مناطق تتميز بكونها مناطق مصالح حيوية، أو مناطق مهمة بالنسبة للولايات المتحدة الأمريكية.

ومع ذلك، فإن وجهة النظر هذه لا تلغي الحاجة إلى وجود مثل هذه القوات، إلا أن ما نريد التأكيد عليه هو أن تتجرد هذه القوات من الغرض السياسي وأن تتحلى بمبادئ الحياد والنزاهة والعدالة، وأن تكون معَّدة فعلاً لأغراض إنسانية وليس لدواع سياسية.

الفصل الخامس

نظرية الرقابة على التسلح وضبط السلاح

منذ القدم مثل السلاح ضرورة ملازمة للوجود الإنساني بغية الدفاع عن النفس والحفاظ على الذات، إذ استخدمه الأفراد قبل و مع تشكل أبسط تنظيماتهم الاجتماعية الممثلة بالأسرة والقبيلة والعشيرة.

وعندما تحولت هذه التشكيلات الاجتماعية إلى تنظيم مؤسسي سياسي أكثر تعقيدا هو الدولة، أصبح موضوع السلاح والتسلح أحد أهم المطالب التي تسعى الدولة إلى تأمينها بغية الحفاظ على وجودها وحماية أهدافها ومصالحها.

ينطلق أنصار نظرية نزع السلاح من افتراض مفاده، أن اختلاف المصالح والأهداف ما بين وحدات المجتمع الدولي يقود في أكثر الأحيان إلى المواجهات والحروب والصراعات. وكل هذه الأوضاع تفرض على أطرافها أن يكونوا دائماً مجهزين بالسلاح القادر على تأمين الحماية الذاتية وضمان المصالح الأساسية. إضافة إلى أن أنصار النظرية يرون أن وجود السلاح في عالم يفتقر إلى ضوابط وروادع حقيقية تحدَّ أو تحول دون استخدامه، مع توافر النزعة الدائمة والتطلع اللامحدود نحو تحقيق المصالح والأهداف الذاتية، فإن ذلك من شأنه أن يقود دائماً إلى الصدامات والحروب. بمعنى آخر، أن توفر السلام وتنوع خصائصه القتالية، والتفوق به بالمقارنة مع الآخرين، مع تنامي ضغوط المصالح الذاتية والرغبة الكامنة بتحقيقها، تشكل جميعها عوامل مغرية تحفز الميل لاختبار قدرة السلاح وتدفع باتجاه استخدامه، الأمر الذي يقود بدوره إلى خلق عالم غير آمن وغير مستقر.

وهكذا، وبقدر ما شكلت مسألة السلاح ضرورة لازمة لوجود الدولة وحماية ذاتها، فإنها كانت، وعلى الدوام، سبباً في اندلاع الحروب وآثاره الصراعات، مما شكل قناعات مفادها، أن امتلاك السلاح من قبل القوى الدولية وتصاعد وتائر السباق والتنافس فيما بينها للتفوق في مستوياته الكمية وتطوير خصائصه النوعية، يعًد من بين أهم العوامل التي تسهم في حالة اللااستقرار وغياب السلم والأمن الدوليين، ذلك أن التفوق في امتلاك السلاح كماً ونوعاً يكون دائماً عاملاً مغريا لاختبار قوة الدولة على تحقيق أهداف سياستها الخارجية، وضمان تطلعاتها وخططها الإستراتيجية، حتى وإن كان ذلك على حساب ومصالح الغير من الدول الأخرى.

وعليه، فإذا كنا نتطلع إلى عالم آمن ومستقر، تبتعد دوله عن الحروب والصراعات، فإن أولى الخطوات الواجب إتباعها نحو تحقيق هذا الإنجاز تتمثل بتجريد الدول من أدوات تدمير بعضها البعض الآخر، أي إيجاد عالم منزوع السلاح. من هنا، انشغل الفكر الإنساني بإيجاد مقاربات نظرية تصلح للحد من آثار هذه الظاهرة المقلقة، ظاهرة سباق التسلح. وضمن الجهود المبذولة في هذا الاتجاه طرحت جملة مسميات، مثل نزع السلاح، والرقابة على التسلح، وضبط التسلح، تخفيض التسلح، الحد من التسلح... الخ.

وعلى الرغم من أن هذه المسميات استخدمت من حيث المغزى والغرض للحد من ظاهرة سباق التسلح وضبطه أو تخفيض مستوياته الكمية والنوعية، إلا أنها من حيث الدلالة والآلية مختلفة فيما بينها. فمصطلح نزع السلاح استخدم في البداية للدلالة على عالم تخلو دوله من كل ما أنجزته في ميدان التسلح. ولكن، وبسبب من أن هذه الدعوة تلامس المثالية في مطلبها، إذ لا يمكن تصور عالم يخلو تماماً من ما بحوزة دوله من أسلحة حيث تلجأ إلى نزعها أو التخلص منها بشكل كامل، فقد عدَّل هذا المطلب إلى أن يكون ما بحوزة الدول من أسلحة كافياً للدفاع عن نفسها عند الضرورة على الصعيد الخارجي مع تأمين ما يكفي من السلاح لحماية أمنها الداخلي.

أما مصطلح الرقابة على التسلح فيراد به إيجاد آلية متفق عليها بحيث لا تتجاوز الدول الحدود غير المسموح بها في حيازة السلاح أو إنتاجه كما ونوعاً، الأمر الذي يقتضي وجود لجان رقابة وتفتيش متبادلة تكفلها وتنظمها اتفاقيات دولية.

وفيما يتعلق بضبط السلاح فهو مصطلح يقترب من حيث المعنى من الرقابة على التسلح، ويراد به تنظيم عملية التسلح عن طريق الاحتفاظ بمستويات معينة من ا لأسلحة كماً ونوعاً مع تنظيم طريقة استخدامها.

أما مصطلح الحد من التسلح فهو يعني الوقوف عند حدٍ معين في حيازة السلاح وإنتاجه أو بيعه أو نقل تقنيات إنتاجه إلى طرف آخر. وعموماً، فإن كل هذه المسميات تهدف أولاً وأخيراً إلى تحقيق إجراءات ضبط وتنظيم مسألة التسلح بشقيها الكمي والنوعي، وعلى نحو لا يشكل تسليح طرف تهديداً لباقي أعضاء المجتمع الدولي. كما أنها تتضمن الحيلولة دون انتشار بعض أنواع من أسلحة الدمار الشامل إلى دول أخرى يمكن أن يشكل استخدامها أو التهديد باستخدامها إخلالاً بمسألة السلم والأمن الدوليين. كما وأن كل إجراءات الضبط والرقابة على التسلح تتضمن عقد اتفاقيات وترتيبات دولية تحرم بعض التصرفات وتفرض جزاءات على المخالفات التي ترتكبها الدول بهذا الشأن، هذا فضلاً عن إجراءات الرقابة والتفتيش والاستقصاء التي يفترض أن تخضع لها الدول من قبل لجان متخصصة ومتفق عليها. وكما سبقت الإشارة، إذا كانت أطروحة نزع السلاح تطمح في افتراضها إلى خلق عالم يخلو من الأسلحة، أو تكتفي دوله بالحد الأدنى منها، وهو افتراض يقترب إلى المثالية منه إلى حقائق العالم الواقعي، فإن المقاربة الواقعية هي أن يجري الحديث عن الحد من التسلح أو ضبط السلاح، أو عن مناطق منزوعة السلاح، أو يحظر فيها إجراء تجارب نووية، كما يصح الحديث عن مراقبة منظومات التسلح والحَّد من الأسلحة التقليدية أو الإستراتيجية. لذا فنحن نجد في مصطلح تنظيم وضبط التسلح الأكثر اقتراباً من الشأن الجاري أو الجهود المبذولة بضبط وتنظيم عملية التسلح.

كان من بين المحاولات المبكرة في ميدان ضبط التسلح وخفض السلاح مؤتمر لاهاي الأول عام 1899، وكان موضوعه الرئيسي هو وقف سباق التسلح وتخفيض القوات البرية والبحرية للدول وتقليص ميزانيات تسلحها. إلا أن هذه المطالبة لم تنفذ ولم يرافقها أية إجراءات فعلية. وعندما تشكلت عصبة الأمم نصت المادة الثامنة من عهدها على ما يلي (تقرر الدول الأعضاء في عصبة الأمم بأن حماية السلام الدولي تتطلب تخفيض التسلح القومي إلى أدنى مستوى يتفق واحتياجات الأمن القومي لهذه الدول...) إلا أن هذه المادة لم تترجم إلى إجراءات وسياسات فعلية، ما أدى إلى فشل جهود العصبة في حل هذه المشكلة.

وفي عهد الأمم المتحدة تضمنت المادة (26) من ميثاقها الإشارة إلى حاجة الدول إلى تنظيم استخدام الأسلحة. بما يساعد على دعم وصيانة السلم والأمن الدوليين. وفي كانون الثاني 1916 تم إنشاء لجنة الطاقة الذرية التي حددت مهماتها بالرقابة على الطاقة الذرية والعمل على الإلغاء للأسلحة الذرية وكل ما عداها من أسلحة الدمار الشامل. وفي حزيران 1946 جاء مشروع باروخ المقدم إلى لجنة الطاقة الذرية التابعة للأمم المتحدة لإنشاء نظام للرقابة على الموارد والتسهيلات التكنولوجية التي يعتمد عليها إنتاج الطاقة الذرية مع إنهاء إنتاج الأسلحة النووية وتدمير المخزون منها، وقد رفض الاتحاد السوفييتي في حينه المشروع لأنه كان يعني تكريس احتكار القنبلة النووية من خلال امتلاك الولايات المتحدة للمعرفة النووية، واقترحوا أن تبدأ عملية ضبط التسلح النووي بتدمير السلاح النووي الأمريكي، وهو السلاح الذي لم يكن السوفييت قد تملكوه إلا في عام 1949، الأمر الذي رفضته الولايات المتحدة.

وفي يناير/كانون الثاني 1952 شكلت الأمم المتحدة (لجنة نزع السلاح) لبحث مشكلة الرقابة على التسلح بشقيه التقليدي والنووي. وقد تألفت اللجنة من الدول الأعضاء في مجلس الأمن مضافاً إليها كندا. وفي عام 1961 تم توسيع عضوية هذه اللجنة لتضم عدداً من الدول غير المنحازة، فأصبحت

تضم ثماني عشرة دولة. وقد بحثت اللجنة مختلف أشكال ضبط التسلح، إلا أنها لم تتوصل إلى نتائج مرضية ومقبولة نظراً للخلاف الذي كان دائراً بين القوتين العظميين حول مفهوم ضبط التسلح. وفي عام 1959 تم التوقيع بين القوتين العظميين على معاهدة (انتاركتيكا) التي دخلت حيز التنفيذ عام 1961، وهي أول معاهدة لنزع السلاح شملت مجموعة من الدول هي: الأرجنتين، استراليا، بلجيكان بريطانيا، تشيلي، فرنسا، اليابان، نيوزلندا، النروج، جنوب أفريقيا، الاتحاد السوفييتي، الولايات المتحدة. وقد نصت المعاهدة على حظر أي تدبير أو أنشطة عسكرية في قارة انتركتيكا، القارة القطبية الجنوبية، وحظر أي تفجيرات نووية، أو تخزين نفايات مشعة في القارة، وحق كل طرف في تفتيش منشآت الأطراف الأخرى للتأكد من احترام المعاهدة. وترجع أهمية هذه المعاهدة إلى أنها خلقت سابقة مهمة لنزع السلاح في أقاليم محددة، ومن ثم وقعت دول أمريكا اللاتينية سنة 1967 على معاهدة مكسيكو بتحريم تجارب وإنتاج وتخزين الأسلحة النووية في أمريكا اللاتينية، وهي معاهدة معروفة باسم معاهدة تلاتيلوكو. وقد حظرت تلك المعاهدة وضع الأسلحة النووية أو اختبارها في قارة أمريكا اللاتينية. كما تم التوقيع على معاهدة مماثلة سنة 1985 لإعلان منطقة جنوب المحيط الهادي منطقة منزوعة السلاح النووي، وهي المعاهدة المعروفة باسم (معاهدة جنوب المحيط الهادي لمنطقة منزوعة السلاح النووي) أو معاهدة (راروتنجا)، وقد وقع المعاهدة أستراليا ونيوزلندا، غينيا، ومعظم الجزر الواقعة شرقي تلك الدول.

وفي آب 1963 تم التوصل إلى معاهدة (الحظر الجزئي على إجراء التجارب النووية) بين الولايات المتحدة والاتحاد السوفييتي وبريطانيا، ورفضت الانضمام إليها كل من فرنسا والصين لأنهما كانتا في المراحل الأولى لاختبار قدراتهما النووية، ونصت المعاهدة على تعهد الأطراف الامتناع عن القيام بأي تجارب لتفجير الأسلحة النووية في الجو والفضاء الخارجي، أو تحت الماء أو في أي مكان آخر تحت سيادتها أو تحت إشرافها.

وفي 14 شباط 1967 تم التوقيع على معاهدة (حظر انتشار الأسلحة النووية في أمريكا اللاتينية) وكانت الغاية منها أن تكون منطقة أمريكا اللاتينية منطقة خالية من الأسلحة النووية وبكل ما يرتبط بها من حيث منع أو تخريب أو إنتاج أو استخدام أو استلام أو تخزين أو نشر أو القيام بأي شكل مباشر وغير مباشر بما يتعلق بالسلاح النووي.

وفي تموز 1968، تم التوقيع على معاهدة (حظر انتشار الأسلحة النووية) التي تعد من أهم المعاهدات لمنع المزيد من انتشار الأسلحة النووية. وقد تضمنت المعاهدة الاعتراف بحق احتكار امتلاك السلاح النووي بين الدول الخمسة الدائمة العضوية ومجلس الأمن وهي الولايات المتحدة الأمريكية والاتحاد السوفيت وفرنسا وبريطانيا والصين.

وتعهدت هذه الدول أن لا تسلم الدول الأخرى هذا السلاح وتمتنع عن نقله إلى غيرها، ولا تشجع الدول غير النووية على إنتاجه أو الحصول عليه. وقد حددت مدة سريان المعاهدة بخمسة وعشرين عاماً يعقد بعدها مؤتمر دولي يتم الاتفاق فيه على اعتبارها معاهدة دائمية. وقد امتنعت كل من الهند والباكستان والكيان الصهيوني عن التوقيع على هذه الاتفاقية. وبعد مرور خمسة وعشرين عاماً على توقيع الاتفاقية تم اعتبارها اتفاقية دائمة، وأنشئ جهاز دائم للمتابعة، وبقيت كل من الهند والباكستان والكيان الصهيوني الدول الوحيدة الرافضة لهذه الاتفاقية.

كان هذا على المستوى الجماعي، أما على المستوى الثنائي وخصوصاً بين الولايات المتحدة الأمريكية والاتحاد السوفييتي، فقد توصل الطرفان إلى تنظيم وضبط التسلح بموجب معاهدة (الحد من الأسلحة الإستراتيجية Strategic Arims Limitation treaty) والمعروفة بـ (سالت -1) والموقعة سنة 1972. وقد حظرت الاتفاقية إقامة نظام للدفاع بالصواريسخ المضادة. ويشمل ذلك الصواريخ الاعتراضية المضادة للصواريخ، ومنصات إطلاق تلك الصواريخ، وأجهزة الرادار الخاصة بتوجيه هذه الصواريخ الاعتراضية، وتعهدت الدولتان بالامتناع عن صنع، أو اختبار، أو إقامة نظام للصواريخ المضادة تتخذ لها

قواعد في البحر، أو الجو، أو الفضاء، أو القواعد المتحركة في الأرض عدا القواعد الثابتة. كما تعهدت الدولتان بتدمير، أو تفكيك نظم الصواريخ المضادة الزائدة عن الأعداد المحددة في الاتفاقية. كذلك تعهدت الدولتان بالامتناع عن تشييد قواعد أرضية ثابتة إضافية لإطلاق الصواريخ الإستراتيجية العابرة للقارات بعد أول يوليو / تموز عام 1972 (الصواريخ الهجومية)، أو تحويل تلك القواعد الأرضية المخصصة لإطلاق الصواريخ الخفيفة أو القديمة العابرة للقارات إلى صواريخ ثقيلة أو حديثة. كما أنشأت نظاماً للرقابة على تنفيذ تلك التعهدات. وقد ظلت هذه المعاهدة سارية المفعول حتى انسحبت منها الولايات المتحدة في كانون الثاني عام 2001 على أساس أن تلك المعاهدة هي من مخلفات حقبة الحرب الباردة، وذلك تمهيداً لتطبيق مبادرة الدفاع الإستراتيجي التي تكرس التفوق الأمريكي العالمي. وبالعودة إلى حقبة السبعينات من القرن الماضي، القرن العشرين، توصل الطرفان الأمريكي والسوفييتي في عام 1979 إلى اتفاقية جديدة هي (سالت - 2)، والتي نصت على التساوي بين الدولتين في وسائط نقل الرؤوس النووية، وحظر بناء منصات إطلاق أرضية جديدة للصواريخ، كما حدَّت من عدد الرؤوس النووية التي يمكن لصواريخ وقاذفات معينة حملها.

وفي عام 1981 عقدت محادثات أمريكية - سوفييتية جديدة عرفت بمحادثات تخفيض الأسلحة الإستراتيجية (ستارت). وقد بدأت المفاوضات بعد أن قدم الرئيس الأمريكي (ريغان) مشروعه المسمى (خيار الصفر) الذي كان يقضي بإزالة كل الصواريخ الأمريكية - السوفييتية متوسطة المدى والحاملة الرؤوس النووية المنصوبة في أوربا. ولكن وأثناء المفاوضات أعلن الرئيس الأمريكي (ريغان) مشروعه المعروف باسم مبادرة الدفاع الإستراتيجي أو حرب النجوم في مارس/ آذار 1983، كما أعلن حلف شمال الأطلسي نصب صواريخ جديدة متوسطة المدى في أوربا، خلافاً لما تم الاتفاق عليه، مما دفع بالسوفييت إلى الانسحاب من المفاوضات عام 1983.

كانت مبادرة الدفاع الإستراتيجي تتضمن إيجاد منظومة دفاعية تسمح بتدمير الصواريخ السوفيتية العابرة للقارات حال انطلاقها وقبل وصولها الأراضي الأمريكية، وهذا يعني اعتماد مذهب دافعي إستراتيجي جديد يخالف مذهب التدمير الكلي المؤكد. ويعتمد هذا المذهب الجديد على إمكانية تطوير أجهزة إلكترونية متطورة تعمل في منظومة فضائية من شأنها اكتشاف الصواريخ حين إطلاقها واعتراضها وتدميرها في الجو قبل وصولها إلى أهدافها. وقد تم الإعلان عن هذه المبادرة بعد الفشل في حل أزمة الصواريخ الأوربية التي نتجت عن وضع صواريخ نووية متوسطة المدى من نوع (SS20) على الساحة الأوربية من قبل الاتحاد السوفيتي، واجهها قرار من حلف شمال الأطلسي بوضع صواريخ مماثلة من نوع (بيرشنغ).

لقد شكلت المبادرة الأمريكية سباقاً جديداً على التسلح يتضمن تكاليف والتزامات مالية باهظة وغير معهودة سابقاً، واعتبرها الاتحاد السوفييتي مشروعاً هجومياً وليس دفاعياً، مما دفع العديد من الخبراء إلى الاعتقاد بأن الأخذ بهذه المبادرة سيقضي على كل ما تم تحقيقه في ميادين ضبط الأسلحة. ولكن وصول غورباتشوف إلى الحكم في الاتحاد السوفييتي عام 1985 كان تحولاً جذرياً. وبرز واضحاً أن اعتماد البيرستوريكا والغلاسنوست لا يمكن أن يتحققا دون التخلي عن الدبلوماسية المُكلفة في ميدان التسلح وهو ما أدى إلى اتخاذ العديد من المبادرات في ميادين التسلح التقليدي والنووي والكيميائي. وتم الإعلان في شهر يناير/كانون الثاني 1986 عن خطه لنزع السلاح النووي كلياً في العالم مع أواخر القرن الواحد والعشرين. وفي هذا السياق تم الإعلان عن مبادرات واتفاقيات جديدة:

1. اتفاقية واشنطن عام 1987 التي تضمنت لأول مرة إعلان العملاقين تدمير مجموعة من الأسلحة المتوسطة المدى واعتماد (الخيار الصفر) على الساحة الأوربية.

2. إعلان الرئيس السوفييتي الأسبق غورباتشوف في كانون الأول/ديسمبر

1988 عن سحب عدد كبير من الجيش السوفييتي بكامل معداته من دول أوربا الشرقية وعن وقف إنتاج الصواريخ العابرة للقارات.

3. التوصل إلى الاتفاقية الشهيرة (ستارت -1 /Strategic Arms Reduction Talks S. T. A. R. T) في تموز/ يوليو 1991 حول خفض الأسلحة النووية الإستراتيجية مع آليات مراقبة تضمن تدمير 30% من الترسانة النووية لدى الجانبين.

4. كما عجل انهيار الاتحاد السوفيتي بالتوصل إلى اتفاقية جديدة هي (ستارت-2 تضمن مشاركة الدول الجديدة التي ورثت السلاح النووي السوفيتي (روسيا ، أوكرانيا، روسيا البيضاء، وكازاخستان) وذهبت الاتفاقية الجديدة إلى الإعلان عن الالتزام بجدول زمني يسمح حتى عام 2003 تدمير أكثر من 70% من السلاح النووي الموجود ، والمحافظة فقط على عدد من الرؤوس النووية لا يتجاوز (3500) لكل منها ، أي الولايات المتحدة وروسيا الاتحادية، إلا أن هذا الإعلان لم يجر العمل على تنفيذه عام 2003.

وفي تطور لاحق في نهاية عام 2005، أعلنت الولايات المتحدة الأمريكية تبنيها إستراتيجية جديدة هي إستراتيجية الدرع الصاروخية التي تركت انعكاسات وردود أفعال متعددة على مستوى الأمن العالمي. إذ من المتوقع أن يخلق نظام الدفاع الصاروخي الأمريكي مناخاً شبيهاً بأجواء الحرب الباردة حيث التهديدات الأمنية العالمية المتبادلة تكون قارية وتدفع بسباق التسلح أشواطاً هائلة إلى الأمام، ويرجع ذلك إلى جملة من الاعتبارات الإستراتيجية المهمة، في مقدمتها:

1. أن هذا النظام يعمل على الإخلال بالتوازن الإستراتيجي، وتحديداً مع الصين وروسيا، بشكل لا يمكن احتماله من قبل هاتين الدولتين. فمن ناحية عملية، وفي حال استكمال تطبيقه، يوفر للولايات المتحدة تفوقاً إستراتيجياً غير مسبوق على هاتين الدولتين تاركا كل منهما في حالة

انكشاف إستراتيجي وبدرجة قصوى لم تصلاها في أقصى درجات التوتر في حقبة الحرب الباردة. إذ عبر استخدام هذا النظام تستطيع الولايات المتحدة إسقاط أي صاروخ بالستي ينطلق إليها، نظرياً، من الصين أو روسيا. بينما لا تستطيع أي من هاتين الدولتين إسقاط أي صاروخ أميركي من المستوى البالستي نفسه، أي أنه في الوقت الذي تكون فيه الولايات المتحدة بمنأى عن أي هجوم صاروخي خارجي لأنها تستطيع صده فإن بلدان العالم كافة تكون معرضة لأي هجوم صاروخي أمريكي لأن أياً من دول العالم لا تمتلك قدرة الصد نفسها التي تمتلكها الولايات المتحدة، وهذا وضع إستراتيجي مختل وغير مسبوق في أي وقت من العقود الماضية التي تلت الحرب العالمية الثانية.

2. أن هذا النظام يعمل على تعريض اتفاقية الحد من انتشار الصواريخ البالستية (ABM) لخطر الإلغاء. فهذه الاتفاقية التي وقعت بين الاتحاد السوفيتي والولايات المتحدة الأمريكية عام 1972 كانت قد حظرت إقامة مثل هذه الشبكات القومية الدفاعية وأبقت الأجواء مفتوحة ومعرضة للهجوم المتبادل كوسيلة ردع لكل الدول. حيث لا تقدم أية دولة على استخدام صواريخ بالستية عابرة للقارات خشية أن يتم الرد عليها بالمثل من قبل الدولة التي تعرضت للهجوم. أما الآن، وفي ظل هذا النظام، تستطيع الولايات المتحدة، من الناحية النظرية، أن تقدم على ذلك دون الخوف من أي انتقام من النوع نفسه.

3. التخوف من أن هذا النظام لم يقتصر على حماية الأراضي الأمريكية تحديداً، وأنه لن يكون سوى المرحلة الأولى من إستراتيجية أمنية تهدف إلى توفير غطاء مماثل من الدفاع الصاروخي لحلفاء واشنطن البعيدين عنها جغرافياً مثل اليابان وتايوان، أي على حدود الصين وفي فضائها الحيوي وبما يحبط تفوقها الإقليمي، الأمر الذي من شأنه إثارة الهاجس الأمني لدى الصين وعلى نحو مستمر.

4. قلق دول الاتحاد الأوربي الحليف غير الأطلسي لواشنطن والشريك التاريخي في حلف الناتو من هذا النظام، وشعورها بأن واشنطن لا

تلقي بالاً للشراكة الأطالسية في تبني إستراتيجيات أمن عالمية، في الوقت الذي تنتقد فيه الأوربيين بشدة عندما يقررون في شأن الأمن الأوربي وحدهم ودون استشارتها. وقد قوبلت فكرة النظام الصاروخي بنقد شديد وبرود حتى من قبل بريطانيا الدولة الأقرب سياسياً وإستراتيجياً للولايات المتحدة. ويمكن ملاحظة أن تصاعد وتيرة مشروع الدرع الأمريكي المضاد للصواريخ يوازيه على الضفة الأوربية للأطلسي تصاعد مشروعات "أوربَة" أمن القارة الأوربية عن طريق تشكيل قوة أمن أوربية منفصلة عن الناتو، أو تعميق المكون والهوية الأوربية للناتو نفسه.

وهكذا، ورغم أن موضوع نظام الدرع الصاروخي ما يزال موضع خلاف ومثير للجدل بين روسيا والولايات المتحدة، إلا أن التفاهم بقي مستمراً بينهما حول موضوع خفض الأسلحة الإستراتيجية والحد منها. إذ وقعت روسيا والولايات المتحدة في 6 تموز/يوليو 2009 على اتفاق ملزم يقضي بأن يقدم كل منهما على تقليص أسلحة ترسانته النووية إلى الثلث. وجاء في الاتفاق أن الرؤوس النووية ستخفض إلى حدود (1500) من أصل (2200) في الولايات المتحدة، وإلى (1675) من أصل (2790) في روسيا.

من خلال استعراضنا للجهود المبذولة لضبط مسألة التسلح والرقابة على السلاح يمكن أن نثبت جملة ملاحظات منها:

1. لا يمكن نكران الدور الإيجابي الذي لعبته اتفاقيات ضبط التسلح والرقابة على السلاح والحد من انتشار الأسلحة النووية، إذ إن هذه الاتفاقيات أوجدت ضوابط على آليات سياسات التصعيد الكمي والنوعي للأسلحة النووية. كما أوجدت مناطق خالية من الأسلحة النووية وحرمت بيعها أو الانتفاع منها أو انتشارها إلى أطراف أخرى. إلا أن المشكلة التي ما تزال قائمة بين الدول هي الحروب التي تستخدم فيها أسلحة تقليدية، وخصوصاً الحروب التي تشهدها دول العالم الثالث. صحيح أن الحرب، سواء تم إدارتها بأسلحة تقليدية أو بأسلحة نووية، أصبحت تمثل استحالة بالنسبة للعديد من الدول الكبرى، إلا أن الصحيح أيضاً هو أن دول العالم الثالث ما تزال تعاني من الحروب

البينية، أو تلك المسلطة عليها من الدول الكبرى أو العظمى. بمعنى أن الاحتكام إلى السلاح في العلاقات بين دول العالم الثالث ما يزال يمثل مشكلة قائمة ومطروحة، خصوصاً إذا أخذنا بنظر الاعتبار أن تلك الحروب غالباً ما تغذى من قبل أطراف دولية كبرى. وبالتالي فإن لا حل لمشكلة السلاح والحد من أثاره المدمرة إلا بإيجاد حلول لمسببات الحروب وعوامل اندلاعها.

2. رغم الاتفاقيات المتعددة لضبط وتنظيم التسلح فإن إمكانية الوصول إلى أسلحة الدمار الشامل، نووية، أو كيمياوية، أو بابولوجية، ليست بالمسألة المستحيلة بل زادت مخاطر التوصل لامتلاك هذه الأنواع من الأسلحة من قبل العديد من دول العالم الثالث، ذلك أن الحصول أو امتلاك تكنولوجيا الأسلحة الكيماوية أو البابولوجية من قبل هذه الدول لم تعد مسألة معقدة أو باهظة التكاليف. وقد شكل هذا عاملاً مغرياً للعديد من دول العالم الثالث بهدف الحصول عليها. كما وأن محدودية آثارها المدمرة بالقياس مع الأسلحة النووية الإستراتيجية من شأنه أن يوفر مصداقية عالية عندما يتم توظفيها في نطاق سياسة الردع أو التهديد. فضلاً عن ذلك، فإن حيازتها، وعلى الرغم من كونها لا تحتاج إلى تكنولوجيا معقدة أو مبالغ باهظة الكلفة، فإنه من السهولة بمكان إخفاؤها أو تخزينها، كما أنها لا تحتاج أيضاً إلى وسائل إيصال معقدة لنقلها، أو نقل تأثيرها المدمر إلى أهدافها، كما هو الحال بالنسبة للسلاح النووي.

وهكذا، فأن سهولة حمل هذه الأسلحة ونقلها واستخدامها دفع بالعديد من الدول إلى السعي من أجل الحصول عليها. أضف إلى ذلك أن الأسلحة البايولوجية لا تحتاج إلى تجارب للتأكد من قدراتها التدميرية كما هو الحال بالنسبة للأسلحة النووية، مما يجعل أمر انكشافها أو أسرية انتقائها بعيداً عن الرقابة الدولية.

3- من ناحية أخرى يمكن أن نلاحظ أن تجارة التكنولوجيا النووية تشكل

عاملاً مهماً للربح المادي، وزيادة النفوذ السياسي الذي تعتمد عليه بعض الدول مثل الصين وروسيا. وغالباً ما تنشط هذه التجارة التي تزيد من احتمالات انتشار التكنولوجيا النووية تحت غطاء أو ذريعة حق الدول في الحصول عليها لغايات وأغراض سلمية، الأمر الذي يزيد من صعوبة الضبط والرقابة المفروضة عليها للحيلولة دون انتشارها .

4- غالباً ما يؤخذ على الولايات المتحدة الأمريكية أنها لم تتقيد بما تم الاتفاق عليه، أو ما يفترض الألتزام به في معاهدات تنظيم سباق التسلح. ولعل المثال الواضح هنا هو إعلانها بين الحين والآخر عن تبني إستراتيجية الدرع الصاروخي، الأمر الذي دفع بالعديد من الدول إلى التخوف وإثارة هواجسها الأمنية من سباق جديد في ميدان التسلح الاستراتيجي.

5- إن خطر السلاح النووي أخذ يكتسب صبغة إقليمية أو مناطقية، فهو لم يعد مقتصراً على دول عظمى أو كبرى في النظام الدولي، إنما أصبح يحوزة قوى إقليمية كالهند والباكستان وكوريا الشمالية والكيان الصهيوني، وربما سيكون مغرياً لامتلاكه من قبل قوى أخرى كاليابان وكوريا الجنوبية وتايوان وإندونيسيا وربما إيران أيضاً.

في ضوء الإشكاليات السابق ذكرها، لا بد من الإشارة إلى أن من بين الخطوات التي اعتبرت أكثر أيجابية في هذا المجال تبني مجلس الأمن في 24 أيلول 2009، وبأجماع أعضائه، القرار 1887 الذي يدعو الدول التي وقعت معاهد، منع انتشار الأسلحة النووية إلى الوفاء بالتزاماتها والدول الأخرى إلى الانضمام إليها في أسرع وقت بوصفها دولاً لا تملك سلاحاً نووياً بهدف تعميم ذلك في كل انحاء العالم، وقعت المعاهدة (189) دولة (لم تنضم إسرائيل والهند والباكستان، كوريا الشمالية إلى المعاهدة). كذلك يدعو القرار كل الدول إلى خوض مفاوضات بنيَّة حسنة للتوصل إلى إجراءات ناجعة لتقليص الترسانات النووية ونزع الأسلحة والسعي إلى إعداد معاهدة لنزع السلاح بشكل عام وكامل في ظل رقابة دولية مشددة.

الفصل السادس

نظرية التعاون والتكامل الدولي / النظرية الوظيفية

على خلاف نظرية القوة، كواحدة من النظريات المفسرة للعلاقات الدولية، التي ترى أن العلاقات بين القوى الأساسية والفاعلة في النظام الدولي ما هي إلا علاقات صراع تحكمها مقتضيات القوة ومتطلبات المصلحة القومية، تذهب نظرية التعاون أو التكامل الدولي إلى أن هذه العلاقات، أي العلاقات القائمة بين القوة الرئيسية في النظام الدول، وإن كانت تحكمها عوامل الصراع والقوة لتحقيق المصالح القومية، فإن هذه المصالح يمكن إنجازها على وفق سبل أخرى يأتي التعاون في مقدمتها، وذلك لما ينطوي عليه من فوائد تعم الأطراف المعنية، إذ في الوقت الذي يقود فيه الصراع واستخدام القوة إلى حالة من الفوضى وعدم الاستقرار، فإن التعاون يفضي إلى السلام والاستقرار، ومن ثم توفير مستويات متقدمة من الشعور بالأمن.

وفي الواقع، تعَّد الجهود الفكرية لبناء نظرية يمكن أن تقود افتراضاتها إلى التعاون، ومن ثم إلى التكامل والاندماج الدولي ما هي إلا نتاج مآسي الحروب وما خلفته من دمار مادي، وما تركته من آثار عميقة محزنة ومؤلمة في المشاعر الإنسانية، ما دفع بالعديد من السياسيين والكتاب والمنظرين في ميدان العلاقات الدولية إلى البحث عن سبل وأدوات تُعين على حث الجهود باتجاه التقارب، وتكون مرجعاً يعتمد عليه من أجل تطوير ميادين وقطاعات تعاونية، دولية وإقليمية، مثل الطروحات التي كانت وراء إنشاء المنظمات الدولية بأجهزتها المتخصصة بعد الحرب العالمية الثانية، وكذلك الحال بالنسبة لقرار إنشاء الجماعة الأوربية للفحم والحديد والصلب في بداية الخمسينيات من القرن الماضي، القرن العشرين.

الافتراض الذي تقوم عليه نظرية التكامل الدولي ينهض على ثلاثية (التطور - الحاجة - المصلحة). فالتطور الذي شهدته المجتمعات الإنسانية في مختلف المجالات الاقتصادية والاجتماعية والعلمية والتكنولوجية وفي مجال السلع الضرورية والخدمات الأساسية، كل ذلك أنتج مطالب متنوعة وحاجات متزايدة يفترض إشباعها والعمل على تأمينها، وأن تأمين هذه الحاجات والمطالب يمثل مصلحة مشتركة لجميع الأطراف المعنية. كما وأن تحقيق هذه الغاية لا يتم إلا عن طريق التعاون الدولي، وتحقيق مستوى متقدم من التعاون بين الدول يقود بدوره إلى التكامل، أي أن يكمل كل طرف الطرف الآخر في قطاع معين. ومثل هذا التعاون في قطاع معين من شأنه أن يقود إلى تعاون مماثل في قطاعات أخرى.

هذه الأنشطة التعاونية - التكاملية بين قطاعات متخصصة وظيفياً ستؤدي بالدول الأطراف في هذه العملية إلى أن تتكامل هي الأخرى بدورها وتندمج مع بعضها وعلى نحو لا يسمح لأي منها أن تستغني عن الأخرى، وكما يذهب (ليون ليندبرغ) في توصيفه لعملية التكامل، أن الدول ستجد نفسها راغبة أو عاجزة عن إدارة شؤونها الخارجية أو شؤونها الداخلية الرئيسية باستقلالية عن بعضها البعض، وتسعى بدلاً من ذلك لاتخاذ قرارات مشتركة في هذه الشؤون أو تفوض أمرها فيها لمؤسسة جديدة.

فالتكامل يفترض أولاً وقبل كل شيء وجود الرغبة في التعاون بين طرفين أو أكثر تحكمهم حاجات ومصالح مشتركة يسعون إلى تحقيقها. وعندما تتم عملية التفاعل التعاوني تتشكل بعد ذلك حالة التكامل. وعليه، فإن التكامل بمعناه النهائي هو العملية التي يجري فيها التعاون بين أطراف (دول) متعددة لإنجاز أهداف ومصالح لها طبيعة مشتركة يلتقون عندها ويعملون على تحقيقها.

وكما يذهب (ارنست هاس) إلى أنه في إطار هذه العملية وضمن حدودها، تتحول الولاءات والنشاطات السياسية لقوى سياسية في دول متعددة ومختلفة

نحو مركز جديد تكون لمؤسساته صلاحيات تتجاوز صلاحيات الدول القومية القائمة. ويضيف (هاس): إذا فهمنا الوضع الحالي على أنه سلسلة من التفاعلات والتمازجات بين عدد من البيئات الوطنية من خلال المشاركة في المنظمات الدولية، فإن على التكامل أن يحدد العملية التي يتم من خلالها زيادة هذا التفاعل بهدف المساعدة على تلاشي الحدود بين المنظمات الدولية والبيئات الوطنية(23).

يتضح مما تقدم أن العملية التكاملية ترتبط أساساً بالمفهوم الوظيفي أو الوظيفة. ويقصد بالوظيفة هنا، تلك النشاطات أو الفعاليات التي يقوم بها تنظيم معين يختص بوظيفة معينة أو يضطلع بنشاط معين مثل؛ جمعية نقابية، حزب سياسي حكومي، منظمة إقليمية أو دولية. بمعنى أن هناك مؤسسات أو منظمات متخصصة تقوم بنشاطات محددة وفي قطاعات مختلفة تحقيقاً لأهداف معينة، وذلك من خلال الوظيفة التي تمارسها أو التي تقوم بها. والنجاح المتحقق ضمن هذا القطاع يمكن أن يشكل حافزاً للتعاون الوظيفي في قطاعات أخرى، ما يقود إلى الانتشار والتوسع في قاعدة التعاون الوظيفي - التكاملي.

في ضوء ما تقدم يمكن القول إن نظرية التكامل تبنى على مرتكزات أساسية:

1. أن التعاون في معالجة المشكلات الفنية غير السياسية هو البديل الأكثر عقلانية لتحقيق المصالح الذاتية والمشتركة. وأن هذا التعاون المتعدد الأطراف هو الذي يقود إلى التكامل.

2. أن التكامل لا يمثل نتاج قرارات سياسية مصدرها النخب الحاكمة، إنما يأتي من بنية قاعدية قوامها المختصين بالمشكلات الفنية غير السياسية.

3. أن التعاون غير الحكومي في حقل معين من شأنه أن يقود إلى اتساع قاعدة التعاون الدولي. كما أن التعاون في أكثر من قطاع يخلق الحاجة إلى التعاون في قطاعات أخرى.

4. أن نجاح أي سلوك تعاوني - تكاملي يعود إلى تماثل توقعات أطرافه بالحصول على مكاسب معينة أو درء أخطاء متوقعة.

وفي الواقع، فإن هذه الأطروحات الفكرية لموضوع التكامل الدولي عبر عنها العديد من الكتاب والمنظرين في ميدان العلاقات الدولية. ويعتبر (ديفيد ميتراني) الباحث البريطاني المرجع الرئيسي للنظرية الوظيفية في التكامل الدولي.

وينطلق (ميتراني) في أطروحته من فرضية مفادها: أن تزايد التعقيد في النظم الحكومية أدى إلى تزايد كبير في الوظائف الفنية غير السياسية التي تواجه الحكومات. ومثل هذه الوظائف لم تؤد فقط إلى زيادة الطلب على الاختصاصين المدربين على المستوى الوطني، لكنها لعبت دوراً في المشكلات الفنية على المستوى الدولي، وإذا أصبح من الممكن إيلاء مثل هذه المشكلات للمتخصصين وفصل نشاطهم إلى حدٍ ما عن القطاع السياسي، فإنه من الممكن والحالة هذه إنجاز التكامل الدولي. ويذهب (ميتراني) إلى أن تزايد المشكلات ذات الطابع الفني على المستوى الوطني سيساهم في اتساع قاعدة التعاون الدولي في هذا الحقل(24).

وفي نظرية (ميتراني) ثمة تأكيد على مبدأ الانتشار الذي يعني، من وجهة نظره، أن تطور التعاون الدولي في حقل واحد يؤدي إلى خلق تعاون في مجالات أخرى، ذلك أن التعاون الدولي في حقل معين هو نتاج الشعور بالحاجة لهذا التعاون. ولكن إقامة هذا التعاون سيؤدي إلى خلق حاجات جديدة، وبالتالي يدفع نحو التعاون في مجالات أخرى. وهنا يعتقد (ميتراني) أن مثل هذه النشاطات، لاسيما عند انتشارها، ستساهم في توجيه النشاطات الدولية وتدعم الاتجاه نحو خلق سلام عالمي، إذ إن انتشار التعاون الدولي بشكل كبير في المجالات الفنية سيؤدي إلى تمكن هذا التعاون من تجاوز العقبات من أجل إقامة التكامل، حيث إن التكامل الاقتصادي الفني هو الذي يدعم أسس الاتفاق السياسي حتى وإن لم يجعل منه أمراً ضرورياً. بمعنى

آخر، أن (ميتراني) يدعو إلى نقل الاهتمام من القضايا السياسية الحادة إلى المشكلات الفنية المثيرة للجدل. إذ في رأيه أن المشكلة لا تكمن في القضايا السياسية التي قد تكون إحدى أهم مصادر الخلاف والاختلاف والتوتر، إنما المشكلة الحقيقية تكمن في الحاجة إلى تحقيق أهداف لا يكمن إنجازها إلا عن طريق حل أو معالجة المشكلات الاقتصادية ذات الطابع الفني، وهذا من شأنه أن يوفر قاعدة للاتفاق السياسي في مرحلة لاحقة بين النخب الحاكمة والمسؤولة عن اتخاذ قرارات سياسية(25).

وإلى جانب (ديفيد متراني) هناك الباحث (إتزيوني) الذي يرى أن دراسة هذه الظاهرة، ظاهرة التكامل، ومن ثم الاندماج أو التوحد، تستند إلى معالجة تساؤلات عدة منها: ما هي طبيعة الظروف التي قادت أو يمكن أن تقود إلى التكامل والتوحد؟ ما هي جهود القوى التي تنظم سياقات عملية التوحد؟ ما هو المنهج المعتمد من قبل هذه القوى؟ ما هو وضع النظام بعد انتهاء عملية التوحَّد؟

وفي الواقع، فإن الغرض الذي كان يسعى إليه (اتزيوني) من خلال طرحه لهذه التساؤلات هو تتبع تطور عملية التوحيد من لحظة اعتبارها فكرة حتى نضوجها، وذلك لبناء نموذج تكاملي بالاستناد إلى أربعة مراحل:

المرحلة الأولى: وتتمثل بوجود اعتماد متبادل بين الدول في قطاعات معينة.

المرحلة الثانية: تبرز فيها قوى التوحيد والتي تتمثل بالجوانب الاقتصادية والإمكانات الفنية والإدارية وزيادة نشاطها وفاعليتها.

المرحلة الثالثة: وفيها يتزايد تدفق السلع والخدمات والأفراد والاتصالات بين الدول(Spill over) بعد أن يتنافى عمل المؤسسات الوطنية الفنية المتخصصة في قطاع معين ليمتد إلى قطاعات أخرى ويتجاوز الحدود القومية بين الدول، ويتمازج هذا النشاط مع مؤسسات أو منظمات في بيئات وطنية أخرى.

المرحلة الرابعة: وهي مرحلة الانتهاء (Termination) حيث يكون الاتحاد قد انتشر في مختلف القطاعات ووصل إلى نقطة النهاية، أي بعد أن تكون المراحل الثلاث السابقة قد أكملت مسيرتها وانتهت. ويشير (اتزيوني) إلى أن الاتحادات الناجحة، أي التي اكتملت في بنائها، تختلف فيما بينها من حيث مستويات التوحيد التي توقفت عندها أي تختلف في مستوى النقطة التي توقفت فيها عن التوسع والانتشار(26).

ويركز (اتزيوني) على السوق الأوربية المشتركة ويعتبرها النموذج الأكثر تقدماً في المستوى والنطاق التكاملي. هذه التجربة يعود نجاحها إلى عوامل عدة قد لا تتوافر في بقية النماذج التي حاولت أن تحقق النموذج التكاملي، ومن هذه العوامل:

1. التطور المتحقق في القطاعات الإنتاجية والخدمية في أنظمة / دول مستقرة سياسياً ومتماسكة داخلياً.

2. هذا التطور المتحقق في دول السوق الأوربية كان على الدوام بحاجة إلى تعاون بقية الدول الأخرى لتحقيق التكامل الاقتصادي.

3. توفر الوعي بضرورة العملية التكاملية لتحقيق منافع متبادلة.

4. تطابق أهداف وتطلعات النخب الحاكمة في دول السوق إلى ضرورة تحقيق هذا الإنجاز.

5. الدعم المتبادل للنخب الحاكمة بعضها للبعض الآخر.

وهكذا، ومن خلال عرضنا لنظرية التكامل الدولي يمكن أن نخلص إلى جملة استنتاجات:

1. أن الطرح النظري الذي جاءت به نظرية التكامل الدولي يمثل الخيار الأكثر عقلانية في تحقيق الأمن والاستقرار الدوليين بعيداً عن نظريات توازن القوى ونظرية الأحلاف والأحلاف المضادة. كما يمكن أن تكون البديل الواقعي لنظرية موركنثاو المبنية على ثنائية القوة - المصلحة، والتي غالباً ما قادت إلى

خلق بيئة دولية، أو واقع دولي محكوم بالمصالح الأنانية والميل الحاد لتوظيف القوة العسكرية من أجل تحقيقها.

إن الفكرة التي تذهب إلى أن المصالح لا يمكن تحقيقها إلا عن طريق القوة العسكرية وأن القوة تمثل مصلحة بحد ذاتها، مثل هذه المقولة يمكن أن تطرح احتمالات قوية بإمكانية تهميش الجهود الساعية إلى التقارب والتعاون بين وحدات النظام الدولي، كما من شأنها أن تخلق عالماً فوضوياً تحكمه المصالح الأنانية الضيقة والنزعات القوية من أجل تحقيقها.

من ناحية أخرى، لم تتمكن نظرية توازن ا لقوى والداعين إليها من إيجاد بيئة دولية قائمة على الأمن والاستقرار، إذ يبقى عامل القوة والتفوق في مقوماتها مغرياً لبعض القوى لاختبار قدراتها على تحقيق مصالحها، وحتى التوازن الناجم عن الردع النووي المتبادل لم يفلح في خلق عالم مستقر كلياً. صحيح أنه خلق نوعاً من الاستقرار على مستوى العلاقات القائمة بين القوتين العظميين، إلا أنه، ومع ذلك، بقيت هناك مناطق ثالثة تعّج بالحروب والصراعات التي تغذيها القوتان العظميان. وحتى في عالم القطبية الأحادية لم تتمكن الولايات المتحدة، وبسبب من نزوعها الحاد للاستخدام المفرط للقوة العسكرية، لم تتمكن من تحقيق السلم والأمن على الصعيد العالمي، بقدر ما كانت سبباً في عدم الاستقرار وخلق بؤر التوتر والصراعات.

مقابل ذلك كله يبقى خيار التعاون هو الخيار الأكثر قبولاًَ في عالم تحكمه مقتضيات الاعتمادية تحقيقاً لأهداف ومصالح مشتركة. إلا أن السؤال الذي يطرح هنا هو: إن كانت دول الغرب أو معظمها قد تمكنت من استثمار هذا الخيار، الخيار التعاوني، فإلى أي مدى يكون لدول العالم الثالث القدرة على استثماره؟.

2. أن عملية التكامل تنهض برمتها على وجود (موضوع) أو (هدف) يشكل قاعدة إجماع واتفاق مشترك بين أطراف عدة يجدون فيه ضرورة تدفع بهم

إلى تحقيقه. وغالباً ما يكون هذا الهدف ذو طبيعة اقتصادية، بحيث تدفع المنافع والمصانع الاقتصادية المترابطة أو المتداخلة إلى اتخاذ قرارات سياسية لإنجازه. بعبارة أخرى، تدفع الحاجات والمصالح الاقتصادية المتداخلة بكل تفاصيلها إلى توحيد السياسات بما يخلق كياناً سياسياً تكاملياً - اندماجياً. فالسياسات التكاملية تكون أكثر متانة إذا بدأت بترابط وتداخل وتفاعل العوامل الاقتصادية والحاجات الاجتماعية بدءاً من القاعدة وصولاً إلى القمة، أي إلى مركز القرار السياسي. فلو افترضا وجود مجموعة دول توجد فيما بينها مصالح اقتصادية، وعلى غرار مجموعة الحديد والصلب التي قادت إلى السوق الأوربية المشتركة وانتهت بالاتحاد الأوربي، وأن هذه المصالح تداخلت فيما بينها إلى المستوى الذي تصبح فيه أية دولة معتمدة في جانب كبير من نشاطها الاقتصادي على بقية الدول الأخرى، فإن هذا الترابط من شأنه أن يدفع بالنخب الحاكمة إلى توحيد السياسات واتخاذ قرارات من شأنها أن تزيد من فاعلية هذه النشاطات المترابطة لما فيها من تعظيم للمنافع والمكاسب المتحققة. وعليه فإن الحاجات الاقتصادية يمكن أن تشكل قاعدة لبناء مؤسسي يستند عليه العمل السياسي - التكاملي أو الاندماجي فيما بعد.

3. أن العملية التكاملية لا يمكن لها أن تتحقق إلا من خلال مؤسسات متخصصة تقوم بإنجاز وظائف متعددة. وهذا الطابع الوظيفي للعمل المؤسساتي يشكل المفصل الحيوي في العملية التكاملية برمتها.

هوامش الباب الثالث

1. انظر في طروحات المدرسة المثالية، أحمد عبد الخالق عز الدين، السلام العالمي، دار النهار، بيروت، 1978، ص11 وما بعدها.

2. للتفاصيل حول وجهة نظر المدرسة الواقعية يمكن الرجوع إلى:

- Hans J.Morgenthau, Poletics Amongnations, New York, 1962, pp. 27-35.

- Toma, P. and Gorman, R.: International Relations: Under standing Global Issues, (Brooks / Cole publishing Co. California, 1990, p. 24.

كذلك: جيمس دورتي، مصدر سبق ذكره، ص 59، وما بعدها.

د. إسماعيل صبري مقلد، العلاقات السياسية الدولية، مصدر سبق ذكره، ص 20 وما بعدها.

3. انظر بذلك: جيمس دورتي، مصدر سبق ذكره، ص 63.

4. راجع في أفكار (راينولد نيبور)، نفس المرجع، ص 63.

5. للمزيد من التفاصيل حول آراء سبيكمان راجع، د. عبد القادر محمد فهمي، المدخل إلى دراسة الإستراتيجية، دار مجدلاوي للنشر والتوزيع، عمان 2006، ص 94.

6. رغم أن سبيكمان بشر بسياسة الأحلاف ودعا إليها، إلا أن جورج كينان يعتبر مصمم هذه الإستراتيجية، انظر، نفس المرجع ص 170.

7. للوقف على التفاصيل حول أفكار موركنثاو، راجع:

- Hans J. Morgenthau, op.cit.p.30-36.

ونفس المؤلف بالعربية، السياسة بين الأمم، ترجمة ضيري حماد، الدار القومية للطباعة والنشر، القاهرة، 1965، جـ2.

8. كلاوزفيتنز، الوجيز في الحرب، ترجمة أكرم ديري، المؤسسة العربية للدارسات والنشر، بيروت، 1974 ص 112.

9. انظر: د. عبد القادر محمد فهمي، الصراع الدولي وانعكاساته على الصراعات الإقليمية، مطابع دار الحكمة للطباعة والنشر، الموصل، 1990، ص 38.

10. أنظر: د. إسماعيل صبري مقلد، نظريات السياسة الدولية، دراسة تحليلية مقارنة، منشورات ذات السلاسل، الكويت، 1987، ص 278.

النظريات الجزئية والكلية في العلاقات الدولية

كذلك: EvanLuard: Conflict and peace in modern International system, N.Y. Little Brown Company, 1963, p. 59.

11. KonrandLorenz, On aggression, London, Methuen and Company Ltd, 1977, p. 23.

للمزيد من التفاصيل حول الطروحات التي تقدم بها (هوبسون) في تفسيره لظاهرة الحرب راجع:

Charles Reynolds, Theory and explanation in International polilics, Printed in, Britain at the pitman press, 1973, pp. 218-223.

13. لقد تأثرت تحليلات لينين حول الاستعمار والرأسمالية بنظرية (هوبسون) حيث استعار منها الكثير في شروحه النظرية عندما تصدى لطبيعة النظم الاقتصادية الرأسمالية، انظر للتفاصيل:

V.G. Kiernan, Marxism and imperialism, London, Edward Arnold publishers, Ltd, 1974, p. 7.

للاستفاضة حول الحروب التي أثارتها الدول الاستعمارية لأسباب اقتصادية من وجهة النظر الماركسية - اللينينية، يمكن الرجوع إلى:

Gustav A. Welter, Soviet ideology to day, dialectical and historical Mterialism, London, Hein mann education Book Ltd, 1966, pp. 287-295.

15. راجع بذلك:

Tomkemp, studies in the theory of imperialism, London, William Clowes Ltd, 1977, pp. 22-26.

16. يمكن الرجوع إلى، السيد عليوه، منهج صنع القرار في تحليل النظم السياسية، في اتجاهات حديثة في علم السياسة، تقديم، د. علي عبد القادر، مركز البحوث والدراسات السياسية جامعة القاهرة، القاهرة، 1987، ص 145 وما بعدها.

17. انظر للتفاصيل:

Richard C. Snyder, Decision Making as anapproach to the study of International politics, in, Contemporary theory in International relations, edited by, Stanley Hoff man, N.J., prentice Hall, Inc, 1960, p. 153.

18. للتفاصيل حول هذه الإستراتيجية، انظر، اشتون ب. كارتر ووليام بيري، الدفاع الوقائي، إستراتيجية أمريكية جديدة للأمن، ترجمة أسعد حليم، مؤسسة الأهرام، القاهرة، 2001.

19. اندريه بوفر، الردع والإستراتيجية، ترجمة أكرم ديري، دار الطليعة للطباعة والنشر، بيروت، 1970، ص 27.

20. للمزيد من التفاصيل حول إستراتيجية الردع والحوارات بشأن الردع النووي المتبادل وخصوصاً في حقبة الحرب الباردة، نحيل القارئ إلى مصادر مختارة:

- Tomas L- Mcnaugher, politics, strategy, and conventional deterrence, Orbis, 27, no. 4. (Winter 19684) p. 1041.

- Bruce M. Russett, Refining Deterrence theory, in, Theory and Research on the Causes of war, ed, Dean G. Pruitt and Richarde Snyder, Engie Woodcliffs, N.J. Prentice Hall, 1969, p. 136.

- Michael Howard, Lesson of the Cold war, survival, vol. 36. no, 4, Winter, 1995, p. 161.

21. راجع في نظرية الأمن الجماعي، د. إسماعيل صبري مقلد، الإستراتيجية والسياسة الدولية، المفاهيم والحقائق الأساسية، مؤسسة الأبحاث العربية، بيروت، 1979، ص 220.

22. راجع للتفاصيل: د. خالد حامد شنيكات، عمليات حفظ السلام، دراسة التطورات وسياقاتها المستقبلية، أبو ظبي، مركز الإمارات للدراسات والبحوث الإستراتيجية، ص 25 وما بعدها.

23. راجع في أفكار (أرنست هاس) وغيره من المفكرين في: محمد سعيد الدقاق، التنظيم الدولي - النظرية العامة، دار المطبوعات الجامعية، القاهرة، 1994، ص 13 وما بعدها.

24. راجع أفكار (ميتراني) في، جيمس دورتي، النظريات المتضاربة في العلاقات الدولية، مصدر سبق ذكره، ص 270 وما بعدها.

25. انظر فيما تقدم، نفس المرجع، ص 271.

26. المرجع نفسه، ص 278.

الباب الرابع

بعض القضايا الراهنة في
للعلاقات الدولية

خصصنا الباب الرابع والأخير من هذه الدراسة لمعالجة قضايا وموضوعات مختارة لها علاقة لا يمكن نكران أهميتها عند دراسة مادة العلاقات الدولية، كتلك الموضوعات المتعلقة بالمركز الجديد للفرد، والتحول الذي أصاب مفهوم السيادة، والتحدي البيئي، والإرهاب الدولي، ومن ثم العولمة كظاهرة فريدة أحدثت تحولاً نوعياً في ميدان العلاقات الدولية.

الفصل الأول

المركز الجديد للفرد في العلاقات الدولية

تنطلق نظرية مركز الفرد في العلاقات الدولية من المكانة التي اكتسبها في المجتمع الدولي، وهي مكانة متأتية من تزايد الاهتمام الوطني والإقليمي والدولي بضرورة وضع قواعد قانونية دولية متفق عليها تكفل حماية حقوق الإنسان واحترامها، حيث اعتبرت مسألة تعزيز وحماية حقوق الإنسان أحد المداخل الأساسية للقضاء على الصراعات والأزمات من ناحية، وتحقيق التنمية الشاملة وتطوير وتنمية العلاقات بين الدول من ناحية أخرى.

وعليه، كان من أبرز مظاهر الاهتمام بمكانة الفرد في المجمع الدولي وفي إطار العلاقات ما بين الدول هو الإعلان العالمي لحقوق الإنسان الذي أقرته الجمعية العامة للأمم المتحدة في 10/كانون الأول/ديسمبر/1948، والذي يمثل الجيل الأول من حقوق الإنسان من خلال تأكيده على الحقوق الفردية، إذ نص على الحق في الحياة وسلامة الأفراد ومنع الرق والقضاء على أساليب التعذيب والإرهاب، والحق في اللجوء إلى القضاء، وحق التنقل وحرية الفكر والعبادة والتعبير عن الرأي، وحرية الاجتماع، والحرية النقابية وحق العمل والتعليم والأمن الاجتماعي، والتخفيف من محنة اللاجئين، وحماية حقوق الإنسان أثناء النزاعات المسلحة، وحق الشعوب في تقرير مصيرها الذي يؤدي إلى الاعتراف بحركات التحرر الوطنية.

منذ البداية، أثار موضوع حقوق الإنسان تحفظات الدول الكبرى، وقاد إلى خلافات حادة بينها، كما استثمر دعائياً وإعلامياً في مرحلة الحرب الباردة كواحدة من الأدوات المستخدمة في إثارة الرأي العام من قبل معسكر ضد الآخر، الدول الغربية بزعامة الولايات المتحدة، ودول الكتلة الشرقية بزعامة

الاتحاد السوفييتي، فقد تصاعدت الاتهامات المتبادلة بين الجانبين، حيث هاجم الاتحاد السوفييتي الولايات المتحدة من حيث ارتفاع معدلات البطالة، وعدم تكافؤ الفرص، وعدم المساواة بين العمال، وقضايا الاستغلال والتمايز الطبقي، متمسكاً بضرورة ألا ينتج عن تبني الإعلان أي تدخل في الشؤون الداخلية للدول صاحبة السيادة. وعلى الجانب الآخر، ندد مثلو دول أوربا الغربية والولايات المتحدة وبعض من دول أمريكا اللاتينية، المساندة للسياسات الغربية، بانتهاك الاتحاد السوفييتي للحقوق السياسية والمدنية، بل وإنكار هذه الحقوق.

وهكذا، تم توظيف هذا الخلاف الأيديولوجي لخدمة أهداف الحرب الباردة، فقد رأت أوربا في قضايا حقوق الإنسان سلاحاً فعالاً يمكن استخدامه ضد الاتحاد السوفييتي، بينما اعتبر الأخير أن مناقشة موضوع حقوق الإنسان على مستوى الأمم المتحدة بمثابة هجوم غربي عليه وخرقاً واضحاً للسيادة.

ورغم كل مظاهر الخلاف والتباين في وجهات النظر، فإن الإعلان العالمي لحقوق الإنسان شكل، ومنذ صدوره، حدثاً مهماً، ولهذا كان مثار الجدل من قبل التيارات والاتجاهات الفكرية والأيديولوجية المختلفة، إذ لأول مرة يتم وضع نص قانوني يجعل من الإنسان مرجعاً مطلقاً له، بغض النظر عن جنسيته ودينه وعرقه وإقليمه.

والملاحظ، أنه على الرغم من غياب الصيغة الإلزامية لهذا الإعلان، فإنه استمد قوته من صيغته الأخلاقية، وهو ما ترك أثره على الكثير من الدساتير الوطنية والقوانين الداخلية. لقد اعتبر الإعلان، ومنذ صدوره، بمثابة الأساس الذي تتخذ من بعده إجراءات لاحقة، وهو ما استدعى من الجمعية العامة للأمم المتحدة الطلب بأن يعقب هذا الإعلان ميثاق أو اتفاقية تحدد تفصيلاً وبصورة ملزمة الحدود التي يجب على الدول أن تتقيد بها في مجال تطبيق الحقوق والحريات، ولإنشاء نوع من الإشراف الدولي أو الرقابة الدولية على

هذا التطبيق(1). ولذلك تم الإعداد ثم لاستصدار العهدين الدوليين، وهما يمثلان الجيل الثاني، وقد جرى تجزئتهما على شكل ميثاقين انطلاقاً من الاختلاف في طبيعة الحقوق. فالحقوق المدنية والسياسية لصيقة بالإنسان، وهذا ما نص عليه العهد الأول (العهد الدولي الخاص بالحقوق المدنية والسياسية). بينما ظهرت الحقوق الاقتصادية والاجتماعية والثقافية، بعد ذلك استجاب لمطالب الحركات العمالية والتيارات الاجتماعية، وهذا ما نص عليه العهد الثاني (العهد الدولي الخاص بالحقوق الاقتصادية والاجتماعية والثقافية).

وبموجب العهد الدولي الخاص بالحقوق المدنية والسياسية تتعهد الدول المنظمة إليه أن تكفل لمواطنيها وتضمن لهم حق الحياة والحرية والأمان الشخصي والحق في محاكمة عادلة، ومنع التوقيف والاعتقالات الكيفية، وحرية الفكر والمعتقد الديني والسياسي، وحق التظاهر والتجمع السلمي وتأسيس الجمعيات، والاحتفاظ بحق الهجرة. وقد اكتسب هذا العهد قوة القانون ودخل حيز التنفيذ في 23/آذار/1967. أما العهد الدولي الخاص بالحقوق الاقتصادية والثقافية والاجتماعية فإن الدول المنظمة إليه تتعهد بتوفير حق العمل والضمان الاجتماعي لمواطنيها. كما يقر حق الشعب في تقرير مصيره واستغلال ثرواته الطبيعية، وضمان الحقوق في الوقاية الصحية، والانضمام إلى النقابات أو تشكيلها وقد دخل هذا العهد حيز التنفيذ وأصبح ملزماً في 3/يناير - كانون الثاني 1976.

في عام 1985 أنشأ المجلس الاقتصادي والاجتماعي التابع للأمم المتحدة هيئة عرفت بـ (هيئة الحقوق الاقتصادية والاجتماعية والثقافية) وهي مكونة من خبراء مستقلين ومكلفة بالسهر على احترام الالتزامات الواردة في العهد الثاني. أما العهد الأول، فقد ألحق به بروتوكول اختياري نص على إنشاء (لجنة حقوق الإنسان)، وهي لجنة مستقلة مكونة من (18) خبيراً يتم ترشيحهم واختيارهم من قبل الدول الأعضاء بناء على دعوة الأمين العام

للأمم المتحدة، ومهمة هذه اللجنة النظر في الرسائل الواردة من الأفراد الخاضعين لسيادة دولة طرف تعترف باختصاص اللجنة في هذا الشأن الذين يدعون أنهم ضحايا انتهاك قامت به دولة طرف لأي حق من الحقوق الواردة بالاتفاق، ومن واجبات اللجنة عند ذلك أن تلفت نظر الدولة المتهمة بخرق الاتفاق، وأن تدعوها لتقديم التفسيرات والمعالجات التي يمكن أن تتخذها هذه الدولة إن وجدت. والملاحظ أن صلاحيات اللجنة هي تقديم مقترحات للدولة وللفرد دون أن تستطيع اتخاذ إجراءات قسرية بحق الدولة التي تنتهك واجباتها الدولية. وقد استبدلت هذه اللجنة فيما بعد بالمجلس الدولي لحقوق الإنسان الذي وافقت الجمعية العامة للأمم المتحدة على إنشائه في 15/مارس/آذار 2006 بأغلبية (170) صوتاً، مقابل (4) أصوات ضد القرار (الولايات المتحدة، الكيان الصهيوني، جزر المارشال، بالاو)، بينما امتنعت (3) دول عن التصويت وهي فنزويلا، وبيلا روسيا، وإيران.

كما يمكن أن نلاحظ، ومن ناحية أخرى، أنه وفي نهاية الثمانينيات من القرن الماضي بدأت تتبلور وجهه نظر مفادها أن حقوق الإنسان لا يمكن لها أن تكتمل من دون وجود عملية تنمية شاملة، بحيث يجري الربط بين التنمية وحقوق الإنسان. وهذا ما جرى تداوله بشكل موسع في مؤتمر فينا عام 1993، الذي أكد على أن الديمقراطية والتنمية واحترام حقوق الإنسان أمور مترابطة ويعزز بعضها بعضاً. كما دعا صراحة إلى دعم البلدان الأقل نمواً والملتزمة بعملية إقامة الديمقراطية وتنفيذ الإصلاحات الاقتصادية. لكنه أكد أيضاً أن انعدام التنمية أو غيابها لا يجوز اتخاذه ذريعة لتبرير الانتقاص من حقوق الإنسان المعترف بها دولياً(2). وبذلك انتهى المؤتمر إلى تعريف التنمية على أنها عملية اقتصادية واجتماعية وثقافية وسياسية شاملة تستهدف التحسين المستمر لرفاهية السكان، والتوزيع العادل للفوائد الناجمة عن التنمية، وبالتالي أصبحت حقوق الإنسان هي الحقوق والمطالب التي لا يمكن تحقيقها إلا في مجتمع يعيش مخاض عملية تنموية شاملة.

وهكذا، انتهى التصور الدولي إلى خلاصة مؤداها أن التنمية في عمقها هي تحقيق حقوق الإنسان، وأن هذه الأخيرة لا يمكن تحقيقها إلا في مجتمع متدرج في سياق عملية تنموية شاملة، وبذلك يكتمل الدور، حقوق شاملة وتنمية شاملة.

وعلى هذا، إذا كان الجيل الأول (من خلال العهد الأول) من حقوق الإنسان قد أكد على مبدأ الحرية والحقوق الفردية والجيل الثاني (من خلال العهد الثاني) من حقوق الإنسان قد أكد على الجوانب الاقتصادية والاجتماعية والثقافية، فإن الجيل الثالث أكد على أن حقوق الإنسان تتمثل في الحق في التنمية.

في الواقع أن هذه المواثيق والعهود الدولية المتعلقة بحقوق الإنسان تمثل إنجازاً وتطور كبيراً في هذا المجال، إذ رفعت من شأن الفرد ومكانته في المجتمع الدولي. ولكن، ومن جانب آخر، يمكن أن نلاحظ أن مفهوم حقوق الإنسان غالباً ما واجه صعوبات عملية كالتناقض بين حقوق الإنسان وحمايتها ومبدأ عدم التدخل في الشؤون الداخلية للدول، كما أنه استثمر ووظف في مناسبات عديدة لتحقيق غايات وأهداف سياسية، وتم التعاطي معه للكيل بمكيالين.

لقد اصطدمت أشكال التدخل الدولي من أجل احترام حقوق الإنسان دائماً بمبدأ عدم التدخل في الشؤون الداخلية للدول والذي يعتبر دعامة النظام الدولي وأساس الاحترام المتبادل بين الدول في علاقاتها مع بعضها. ولكن، وباستمرار، كان هناك تناقض واضح في ميثاق الأمم المتحدة حول التعبير عن مصالح الشعوب والأفراد من جهة (وكما ورد في مقدمة الميثاق) وبين عدم حق التدخل في الشؤون التي تكون من صميم السلطان الداخلي للدولة، أية دولة، (وكما ورد في الفقرة 71) من المادة (2) من الميثاق). إذن، وعلى الدوام، اصطدمت مواثيق ومبادئ حقوق الإنسان بمبدأي السيادة والتدخل في الشؤون الداخلية للدول. ويعتمد العديد من الفقهاء على موقف محكمة العدل الدولية الصادر عام 1986 حول قضية التدخل لأسباب تتعلق بالنظام

السياسي والاقتصادي والاجتماعي والثقافي، واعتبرت المحكمة أن أي تدخل يتم بناء على توسل معارضي الحكومة القائمة، يتناقض مع مبدأ السيادة الذي ينهض عليه ويقرَّه القانون الدولي. وعليه فإن مبدأ التدخل الإنساني، أو تأطير سياسة التدخل بإطار إنساني، يتناقض مع مبدأ سيادة الدولة. بمعنى أن الإشكالية تكمن بين شرعية التدخل الإنساني، ومبدأ استقلال الدولة وعدم خضوعها لإرادة خارجية.

إلا أن الأمم المتحدة، وفي تطور لاحق عام 1988، حاولت تجاوز مبدأ عدم التدخل في الشؤون الداخلية للدول بإصدار قرارين، وعن طريق الجمعية العامة، الأول في 8/كانون الأول/ديسمبر 1988، والثاني في 14/كانون الأول/ديسمبر 1990، وقد تضمن كلاهما تفسيرات والتزامات جديدة، إذ ربطا مسألة التدخل لحماية حقوق الإنسان أو ما يسمى بحق التدخل لأسباب إنسانية بالموافقة المسبقة لحكومات الدول لإيجاد الحلول والمعالجات للمشاكل الداخلية والتي تدخل ضمن تصنيف قضايا إنسانية تستوجب الجهود الدولية لمعالجتها، وهي في الوقت ذاته ضمن إطار سيادة الدولة.

إلا أن التطور الملفت للانتباه لمسألة التدخل تحت غطاء التدخل لأغراض إنسانية، والتي اعتبرت بمثابة منح الشرعية للتدخل الخارجي في الشأن الداخلي للدولة وخرقاً لاختصاصها الداخلي بغية تحقيق غايات سياسية، هي التي جسدها القرار (688) الصادر عن مجلس الأمن بتاريخ 5/نيسان/إبريل 1991، وبعد انتهاء العمليات العسكرية في حرب الخليج الثانية، إذ شكلت مضامين هذا القرار سابقة خطيرة في تطور مفهوم حق التدخل الإنساني وتطويع مجلس الأمن من أجل العمل لتحقيق أغراض سياسية، عندما نص ذلك القرار على حرية إيصال المعونة الإنسانية رغم إرادة الدولة صاحبة السيادة إلى المنطقة المعنية. وأصبحت عملية إنقاذ الأكراد في العراق في ربيع 1991 مرجعاً اعتمد عليه الفقه الدولي للدفاع عن التوجه الجديد الذي ينادي بتطوير قواعد القانون الدولي وإعطاء الأولوية لاحترام حقوق الإنسان، ليس

فقط من خلال التركيز على المبادئ، وإنما من خلال إصدار قرارات إلزامية يرافقها إرسال قوات (دولية) تساهم في تأمين وصول المساعدات الإنسانية التي سرعان ما تحولت إلى عمليات تدخل عسكري ومحاولات لمساندة الحركات الانفصالية. وتكررت قرارات مجلس الأمن المرتبطة بعمليات التدخل الإنساني لتصبح سياقات عمل سياسية، إذا جاز لنا وصفها، حدث ذلك في الصومال عام 1992 بعد انهيار الدولة وتعذر إيصال المساعدات إلى المناطق التي غدت تعيش في ظل تقاتل الزمر المتناحرة. وفي البوسنة من أجل حماية طوابير النازحين ومساعدتهم. وفي أنغولا عامي 1993 و 1994، وفي ليبيريا 1993- 1995، وفي جورجيا 1993، وفي موزانبيق 1993، وفي أذربيجان لمساعدة الأقلية الأرمنية في كاراباخ 1993، والملاحظ أنه من خلال هذه العمليات تم تثبيت اتجاه جديد يقوم على:

- التدخل العسكري لتأمين وصول المساعدات الإنسانية.

- التدخل العسكري لضمان أمن السكان.

وهكذا، وباسم التدخل الإنساني، المعتبر من الآن وصاعداً، ومن الناحية الأدبية والأخلاقية، في مستوى أعلى من أي أمر آخر، لم يتردد الحلف الأطلسي بتدخله المكثف والمركز في كوسوفو في ربيع 1999 من تخطي محظورين كبيرين في السياسة الدولية: سيادة الدول ومواثيق الأمم المتحدة.

إن حلف شمال الأطلسي، وفي ظل تعذر الوصول إلى اتخاذ قرار من مجلس الأمن لإضفاء الشرعية الدولية على التدخل في يوغسلافيا، لجأ الحلف إلى الادعاء بأن ما يشهده سكان إقليم كوسوفو من اضطهاد يهدد بوقوع أعمال تطهير عرقي، كما حصل في مناطق أخرى من يوغسلافيا السابقة بين عام 1991 و 1995. كانت النتيجة المترتبة على التدخل العسكري لحلف شمال الأطلسي في يوغسلافيا تطبيقاً لمبدأ التدخل الإنساني الذي

رفعته دول الحلف بزعامة الولايات المتحدة نزوح وتشريد أكثر من نصف سكان إقليم كوسوفو، سقوط عدد كبير من الضحايا، تهديم المنشآت الحيوية والبنية الاقتصادية ليوغسلافيا. إلا أن النتيجة الأخطر من ذلك تبرز في التركيز على الأبعاد السياسية العسكرية من وراء الادعاء بالأهداف الإنسانية، ومن ناحية أخرى. أخذ حلف شمال الأطلسي، وليس قوات الأمم المتحدة، يتمتع بمهام جديدة وبالتعاون مع الولايات المتحدة الأمريكية. لقد أكدت الإدارة الأمريكية في عهد بوش الابن، ولأكثر من مرة، أنه لا يمكن اتخاذ القرار من مجلس الأمن للتدخل إن اقتضت الحاجات الإنسانية ذلك. إن جوهر الفكرة الأمريكية تؤكد على أن الحلف الأطلسي من شأنه أن يتمتع بصلاحيات حفظ الأمن والسلم الدولي في مواجهة تحديات القرن الواحد والعشرين وذلك بالتنسيق مع الأمم المتحدة قدر الإمكان، ولكن الحلف الأطلسي لا يمكنه أن يكون رهينة اعتراض هذا البلد أو ذاك على عمليات، فقوة الحلف الأطلسي هي في قدرته على التحرك من تلقاء ذاته وأن يكون مستعداً للتحديات كافة.

وقد اعترف الأمين العام للأمم المتحدة السابق (كوفي أنان) بأن ما حصل في كوسوفو كان مخالفاً لمبادئ القانون الدولي وقرارات الأمم المتحدة،، وأن مسألة كوسوفو طرحت أسئلة مهمة منها العمل العسكري التدخلي من دون وفاق دولي ولا سلطة شرعية.

تكرر العمل العسكري التدخلي مع العراق أيضاً عام 2003. إذ كانت الحجج التي سوقتها الإدارة الأمريكية في حينه لتبرير عملها العسكري هي امتلاك العراق لأسلحة الدمار الشامل وتعاونه مع القاعدة، وقدرته على التعرض الإستراتيجي لأمن الولايات المتحدة الأمريكية. كان الهدف من وراء هذه الحجج، رغم بطلان صحتها فيما بعد، محاولة الضغط على مجلس الأمن لاستصدار قرار دولي بالعمل العسكري ضد العراق، وعندما عجزت الولايات المتحدة في هذا المسعى لم تتردد في أن تعلن للعالم بأنها ستقود الحرب ضد العراق حتى وإن لم تحصل على موافقة مجلس الأمن. هذا الموقف عبر عنه

رئيس هيئة موظفي البيت الأبيض في تشرين الأول أكتوبر 2002 بالقول (أننا لسنا بحاجة إلى مجلس الأمن إذا أراد المجلس أن يبقى ذا صلة، فما عليه إلا أن يمنحنا سلطة استخدام القوة كما نشاء)(3). أما (كولن باول) وزير الخارجية الأمريكية في حينه أضاف (يستطيع المجلس أن يفعل ما يشاء، وأن يجري مداولات أخرى، لكننا نملك السلطة لنفعل ما نراه ضروريا)(4). كما أوضح الرئيس الأمريكي بوش (لقد كان في مقدور واشنطن أن تتشاور مع أعضاء مجلس الأمن الآخرين، إلا أنها لم تجد ضرورة لكسب موافقتهم)(5) وفي قمة الأزور التي عقدت في مارس/آذار 2003، وقبيل اندلاع الحرب على العراق، عاد بوش وبلير رئيس وزراء بريطانيا في حينه، إلى تأكيد ازدرائهما بالقانون الدولي والمؤسسات الدولية، فأصدرا (انذارهما الأخير) إلى مجلس الأمن بالمصادقة على العمل العسكري خلال أربع وعشرين ساعة وبخلافه فإن الحرب مشنة حتى وإن لم يصادق عليها. وقال بوش إن غزونا مشروع لأن (الولايات المتحدة تملك السلطة السيادية لاستخدام القوة لضمان أمنها القومي المهدد من قبل العراق، وأن الأمم المتحدة غير ذات صلة لأنها لم ترتفع إلى مستوى مسؤوليتها....وأن الولايات المتحدة عازمة على تنفيذ (مطالب العالم العادلة) حتى لو كان العالم كله معارضاً بشدة)(6).

إذن، نحن هنا، وفي الواقع، أمام توجهات جديدة وسياقات عمل غير مسبوقة في ميدان التعاملات أو العلاقات الدولية، حيث يتم تجاوز كل المعايير والضوابط القانونية الدولية والأخلاقية بل وحتى الإنسانية لتحقيق أهداف وأغراض سياسية.

وما يلفت الانتباه أن الإدارة الأمريكية أطلقت على عملياتها العسكرية بغزو وأحتلال العراق تسميه (تحرير العراق)...وهكذا، وبكل وضوح يتم التدخل بالشؤون الداخلية لدولة أخرى، حتى وإن كان ذلك عن طريق الحرب المعلنة، وهي الحرب التي راح ضحيتها أكثر من مليون ونصف المليون، وأكثر من أربعة ملايين مهجر داخل العراق وخارجه، ناهيك عن ما تم تدميره من مؤسسات حكومية وبنية اقتصادية ومرافق حيوية ومنشآت صناعية،

فضلاً عن تمزيق النسيج الاجتماعي العراقي بإثارة النعرات والفتن الطائفية والعرقية وبهذا يمكن أن تلمس التناقض وازدواجية المعايير، إن ما فعلته الولايات المتحدة والدول المساندة لها في العراق هو تدمير دولة وتمزيق مجتمع.

في ضوء الطروحات التي تقدمنا بها يمكن أن نثبت الملاحظات التالية:

1. الإعلان العالمي لحقوق الإنسان الذي أقرته الجمعية العامة للأمم المتحدة عام 1948، كان في الواقع تعبيراً عن الصراع الأيديولوجي القائم آنذاك بين المعسكرين الغربي والشرقي، حيث كان الغرب يتشبث بوجود أساس فلسفي مطلق لحقوق الإنسان قائم على أفكار مدرسة القانون الطبيعي، وهو قانون ثابت خالد وصالح لكل زمان، له إرادة عليا وعلى الجميع الخضوع لها والالتزام بمقتضياتها. ومن خلال هذه الفكرة تم التركيز على موضوع العهدين، أو الجيلين الأول والثاني، الأول المتعلق بالحرية والحقوق الفردية، والثاني المتعلق بالحقوق الاقتصادية والاجتماعية والثقافية، واعتبرت جميعها حقوق فردية ينبغي الحفاظ عليها ولا يجوز التفريط بها أو مساسها. بينما كان الاتحاد السوفييتي ومعه دول الكتلة الشرقية، يؤكدون على ضرورة الاهتمام بالحقوق التي ترتب على الدولة التزامات اتجاه أصحابها، مثل الحقوق الاقتصادية والاجتماعية والثقافية. وأن الفرد لا يملك هذه الحقوق إلا من خلال مجموعة اجتماعية تتواجد في إقليم دولة. فالأصل هو حقوق الجماعة التي يجد فيها الفرد ذاته من خلالها، فالأصل هو الجماعة وليس الفرد. إلا أن انهيار الاتحاد السوفييتي وتفكك دول المجموعة الاشتراكية أو الكتلة الشرقية قاد إلى انفراد الرؤية الليبرالية التي تهتم بالحقوق التي تمثل حصانات أكثر مما تهتم بالحقوق كضمانات. ومثل هذا التوجه الفكري أخذ يتنامى تدريجياً ويتسع، وشاع استخدامه بوصفه يمثل واحدة من أهم القيم الرمزية التي ينبغي تأكيدها والدفاع

عنها ومحاربة كل من يعترض سبيلها، لقد أصبحت، ومنذ تلك اللحظة التاريخية التي انهار فيها الاتحاد السوفييتي، إحدى مساند النظام العالمي الجديد.

2. لقد تعرض مفهوم حقوق الإنسان، ومنذ الإعلان العالمي لحقوق الإنسان عام 1948، لنقد اتخذ من غياب الصفة الإلزامية مبرراً له، فقد كان المنتقدون يؤكدون باستمرار أن فقدان الصفة الإلزامية لهذه الحقوق يجردها من أية قيمة قانونية، ولا يجعل منها سوى مذهباً فلسفياً أو حقوقياً، وبذلك ينحصر دورها في إطار التوجيه الأخلاقي العام النابع من الذات، ولا يتعدى ذلك إلى الإطار التنفيذي الملزم. وهذا ما أبقى هذه الحقوق مجرد شعار معرض دائماً للابتزاز ونهباً للتدويل وذلك حسب ما تدعو الحاجة إليه.

3. يترتب على النتيجة السابق ذكرها ويرتبط بها دلالة أخرى وهي، أنه وبسبب من التوظيف السياسي لهذه الحقوق، أي حقوق الإنسان، فإن هذا المبدأ غالباً ما تعرض إلى الإساءات المتكررة التي لحقت به من قبل بعض مدعيه أو من بعض السياسات الغربية التي تتبناه قولاً، وتخالفه في الكثير من ممارساتها التي لا تزال تأخذ أولوية بالنسبة لها، حتى وإن كان ذلك على حساب حقوق الإنسان، أو على حساب حقوق الشعوب والمجتمعات.

لقد أصبحت مسألة حقوق الإنسان والدفاع عنها إحدى أهم أدوات العمل السياسي بيد الدول الكبرى لممارسة الضغط على الآخرين، ولتبرير وتمرير العديد من السياسات والمواقف التي تريدها أو ترغب فيها، مما دفع إلى استحداث مفهوم جديد يبرر حتى استخدام القوة بحجة حماية حقوق الإنسان، وهو مبدأ التدخل الإنساني، الذي وصفه البعض بأنه يمثل الجيل الرابع في مسيرة حقوق الإنسان إضافة إلى الجيل الأول والثاني والثالث، ولاشك أن مثل هذا التوجه يستوجب التعامل معه بحذر شديد، لأنه يمثل نمطاً جديداً ومستحدثاً في العلاقات القائمة ما بين وحدات المجتمع الدولي.

الفصل الثاني

التحديات البيئية

تعَّد البيئة في حياتنا بمثابة الحاضنة التي تمدَّنا بكل مصادر الحياة اللازمة والضرورية لاستمرار وجودنا وتطورنا، لذا كانت وما تزال وستبقى تمثل واحدة من أهم الموضوعات التي تهم المجتمع الدولي لما لها من علاقة وثيقة بإدامة وجوده واستمرار تطوره.

كانت البداية الحقيقية للاهتمام الدولي بموضوع البيئة الدراسة التي قام بها نادي روما عام 1971 حول موضوع النمو الذي لفت الانتباه إلى نقطة جوهرية، وهي أن موضوع الاستفادة المستمرة والاستغلال المنظم لمصادر الثروة الطبيعية سوف يؤدي إلى توقف عملية التنمية في فترة قصير. من هنا، وبقدر ما نبهت هذه الدراسة إلى خطورة الاستغلال غير الرشيد لمصادر الثروة الطبيعية التي هي المكون الرئيسي للبيئة، فإنها أثارت قلقاً كبيراً في الأوساط والمحافل الدولية، كما قادت إلى نشاط مماثل في منظمة الأمم المتحدة ووكالاتها المتخصصة، نتج عنه انعقاد مؤتمر الأمم المتحدة للبيئة الإنسانية في ستوكهولم عام 1972.

اعتبر مؤتمر ستوكهولم بمثابة نقطة التحول في تاريخ الوعي البيئي فمنذ تلك اللحظة تشكلت ملامح رأي عام عالمي وإدارة سياسية دولية تضع في مقدمة اهتمامها جوانب البيئة الطبيعية كافة كالأرض، والمياه، والمعادن، وجميع الكائنات الحية وعمليات الحياة، والغلاف الجوي والمناخ والتصحر، والأنهار الجليدية القطبية وأعماق المحطيات والفضاء الخارجي. كما وأن مؤتمر ستوكهولم اقترح توجهاً يضع في اعتباره العوامل الاقتصادية والاجتماعية التي

تقف خلف العديد من المشكلات البيئية، ودعا إلى معالجة الآثار والنتائج في ضوء معالجة المسببات وهي عادة مسببات اقتصادية واجتماعية.

مثّل هذا الاتجاه تحولاً نوعياً مختلفاً تماماً عن ما كان سائداً من قبل، حيث كان التأكيد دائماً يركز على التكنولوجيا بوصفها هي الحل الأمثل، إلا أن المؤتمر أعاد تعريف التنمية على أنها إيجاد نوع أفضل من الحياة في مجال التعليم والثقافة والرعاية الصحية والسكن والرفاهية...الخ، عوضاً عن المحاولات الدائمة للاستحواذ على الممتلكات المادية (زيادة الناتج القومي ورأس المال) كمحدد أساسي لنجاح التنمية. كما أن المؤتمر أعاد تعريف البيئة على أنها المخزون الديناميكي للمصادر الطبيعية والاجتماعية المتوافرة في أي وقت من أجل تلبية احتياجات الإنسان، وتعريف عملية التنمية نفسها على أنها عملية استخدام تلك المصادر بهدف زيادة رفاهية الإنسان أو على الأقل المحافظة على مستواها، وبذلك أصبح واضحاً أن حماية البيئة وتحقيق الأهداف التنموية أمران يكمل كل منهما الآخر.

وعليه، ومع مؤتمر ستوكهولم، بدأ البحث عن مفهوم جديد موسع للتنمية، يرتبط بحدود قاعدة الموارد الطبيعية المتاحة، وتلعب فيه الاعتبارات البيئية دوراً مركزياً، ويتيح في الوقت ذاته فرصة كاملة للتنمية الاجتماعية والاقتصادية. وقد استمر التطور الفكري في هذا الاتجاه بالتأكيد على ضرورة حماية مصادر الثروة الطبيعية وبدائل التنمية وأساليب الحياة، إلى أن انتهى بعد عشرين عاماً إلى تبني مفهوم التنمية المستدامة في مؤتمر (ريو) المنعقد في ريودي جانيرو في البرازيل بين 3-14 حزيران من عام 1992 الذي عرف بمؤتمر قمة الأرض.

والتنمية المستدامة مفهوم يركز على أن التنمية الرشيدة تستند إلى ثلاثة مرتكزات رئيسة: نمو اقتصادي، وتنمية اجتماعية، وحماية البيئة، وجميعها أمور مرتبطة مع بعضها وبحاجة إلى تمتين الروابط فيما بينها، وهذا لا يتم إلا عن طريق الجهود المبذولة من قبل أعضاء المجتمع الدولي. فالتنمية

المستدامة هي نمط من التنمية تعمل على تجديد الثروات وإعادة التصنيع بشكل يضمن إبقاء البيئة نظيفة وصالحة لحياة الأجيال القادمة. وتوصل مؤتمر ريو إلى اتخاذ توصيات ثلاث يمكن أن تشكل قاعدة سياسية دولية صالحة لمختلف أنواع المفاوضات الدولية:

1. أن نموذج التنمية وفق نمط الحياة الغربية المعمول بها حالياً غير قابل للتطبيق على المستوى العالمي، وذلك للأسباب البيئية التالية:

- الثروات الطبيعية محدودة، فنموها إذن محدود أيضاً.

- أن قدرة كوكبنا وفضائنا وأجسامنا في تحمل مختلف أنواع التلوث محدودة أيضاً.

2. اعترفت البلدان الصناعية بمسؤوليتها الرئيسية، وقبلت بأن حقوقها في التنقيب عن الثروات وتلويث الأجواء قد استنفدت تاريخياً.

3. يجب منح الجنوب مساعدات على قاعدة إعادة توزيع عادل ومفهوم جديد للتضامن الدولي.

التطور الآخر المهم في مجال البيئة هو مؤتمر (كيوتو) في اليابان بشأن التغيرات المناخية. وقد توصل المؤتمر إلى عقد، معاهدة كيوتو التي تهدف إلى تحقيق تثبيت الغازات الدفيئة في الغلاف الجوي عند مستوى يحول دون تدخل خطير من قبل البشر في النظام المناخي، والحد من انبعاث الغازات الضارة بالبيئة، لكي يتيح بذلك للنظام البيئي التكيف وبشكل طبيعي مع التغيرات التي تطرأ على المناخ، وتضمن عدم تعرض إنتاج الأغذية للخطر. ونصت المعاهدة على التزامات قانونية للحد من انبعاث أربعة من الغازات الدفيئة (ثاني أوكسيد الكربون الذي يعتبر المسؤول الأول عن التلوث المناخي وبنسبة 50% الميثان، وأوكسيد انيتروس، وسداسي فلوريد الكبريت، والهيدروكربونات المشبعة بالفلور، التي تنتجها الدول الصناعية. كما نصت المعاهدة على التزامات عامة لجميع البلدان الأعضاء.

معاهدة (كيوتو) دخلت حيز التنفيذ في 16 شباط/فبراير 2006، وصادق عليها فيما بعد (183) دوله عام 2008. ويتضمن اتفاق (كيوتو) مجموعتين من الالتزامات المحددة تحقيقاً للمبادئ العامة التي أقرتها اتفاقية الأمم المتحدة بشأن التغير المناخي. تتضمن المجموعة الأولى الالتزامات التي تتكفل بها جميع الأطراف المتعاقدة، ولا يتم التفرقة فيها بين الدول المتقدمة والدول النامية، وهي قيام 34 دولة بتخفيض انبعاث الغازات المسببة لتأثير الدفيئة وذلك بنسب تختلف من دولة إلى أخرى، على أن يجري هذا التخفيض خلال فترة زمنية محددة تبدأ عام 2008 وتستمر حتى عام 2012. وبلغت نسبة التخفيض المقررة في حالة الاتحاد الأوربي 8% أقل من مستوى عام 1990، في حين بلغت هذه النسبة في حالة الولايات المتحدة 7% واليابان 8%. وتشمل هذه الانخفاضات ستة غازات محددة هي: ثاني أوكسيد الكربون، الميثان، النيتروجين، بالإضافة إلى ثلاثة مركبات فلورية.

كذلك تلتزم الأطراف المتعاقدة بالحفاظ على الغازات الدفيئة كالغابات والعمل على زيادتها من أجل امتصاص انبعاث الغازات الدفيئة المسببة لظاهرة التغير المناخي. كما تم الاتفاق على إقامة نظم ومناهج بحث لتقدير انبعاث الغازات الدفيئة، وكذلك دراسة الآثار السلبية الناجمة عنها، والتبعات الاقتصادية والاجتماعية لمختلف سياسات مواجهة المشكلة. وأن تتعاون الدول المتعاقدة في مجالات تطوير التعليم وبرامج التدريب والتوعية العامة في مجال التغيير المناخي بما يهدف إلى تقليل انبعاث الغازات الدفيئة. كذلك العمل على إنتاج وتطوير تقنيات صديقة للبيئة من خلال التركيز على الأنواع الأقل استهلاكاً في الوقود، وبالتالي أقل من حيث احتراق الوقود وانبعاث الغازات الضارة.

أما الالتزامات التي تحتويها المجموعة الثانية، فهي الالتزامات التي تتعهد بها الدول المتقدمة وحدها، وتلتزم بها في مواجهة الدول النامية لمساعدتها على الالتزام بالأحكام الواردة في اتفاقية الأمم المتحدة الإطارية من ناحية،

وتشجيع الدول النامية على التعاون الفعال في إطار المنظومة الدولية لحماية البيئة من ناحية أخرى. هذه الالتزامات يمكن تحديدها بما يلي:

1. تتعهد الدول المتقدمة بتمويل وتسهيل أنشطة نقل التكنولوجيا منها إلى الدول النامية والأقل نمواً، خاصة تلك التقنيات صديقة البيئة في مجالات الطاقة والنقل والمواصلات وغيرها.

2. تتعهد الدول المتقدمة بدعم جهود الدول النامية والأقل نمواً في مواجهة الآثار السلبية للتغير المناخي والتأقلم معها.

3. التعاون المشترك مع الدول النامية والأقل نمواً في آلية التنمية النظيفة التي تعد إحدى أهم الآليات التي حددها اتفاق كيوتو. وتنص هذه الآلية على التزام واضح من جانب الدول المتقدمة بالقيام بمشروعات في الدول النامية بغرض مساعدتها على الوفاء بمتطلبات التنمية المستدامة، والمساهمة في الوقت نفسه بتحقيق الهدف الرئيسي لاتفاقية الأمم المتحدة الإطارية الخاصة بتغير المناخ ومساعدة الدول المتقدمة في الالتزام بتخفيض الانبعاث إلى الحد المقرر لها. فهذه الآلية تفيد كلاً من الدول المتقدمة والدول النامية على حدٍ سواء، وتتمثل الفائدة التي تعود على اقتصادات الدول النامية في وجود الاستثمارات القادمة من الدول المتقدمة على أراضيها؛ في حين تتمكن الدول المتقدمة من استخدام الانبعاثات الناتجة من أنشطة هذه المشروعات للإسهام في تحقيق جزء من التزاماتها الخاصة بتحديد وتخفيض كمي للانبعاثات. ومن خلال إجراء مقارنة سريعة بين المجموعتين من الالتزامات، فإنه يمكن الاستنتاج بأن اتفاق كيوتو يضع مسؤولية تنفيذ العبء الأكبر من الالتزامات الواردة فيه على عاتق الدول المتقدمة، إذ يلزمها البروتوكول بتقديم صور الدعم المالي والفني اللازم كافة لإعانة الدول النامية والأقل نموا على تنفيذ الالتزامات الناشئة عن السياسات الدولية المشتركة لحماية البيئة من مظاهر التلوث التي تداهمها.

يضاف إلى ذلك أن هذا الاتفاق ألزم الدول المتقدمة دون الدول النامية والأقل نموا بالعمل على انتهاج السياسات اللازمة لتخفيض انبعاثات الغازات الدفيئة بنسب محددة وفقاً لجدول زمني معين.

ومن هنا فإن الدول النامية والأقل نمواً تنظر بعين الرضى والارتياح إلى اتفاق كيوتو نظرا لقلة الالتزامات التي ألقاها على عاتقها في مجال حماية البيئة ومكافحة التلوث المناخي، وصيانة الغلاف الجوي للكرة الأرضية. فهذه الدول النامية والأقل نمواً تخشى من أي التزامات تفرض عليها في مجال حماية البيئة إذ سوف تحد من قدراتها وحرية حركتها على تنفيذ مشروعات التنمية، وخاصة في هذه المرحلة المبكرة من مراحل النمو. يضاف إلى ذلك أن الدول النامية والأقل نمواً لا شأن لها فيما يخص ظاهرة انبعاثات الغازات الدفيئة، حيث إنها قد حدثت بفعل درجات التصنيع المتقدمة التي وصلت إليها الدول المتقدمة خاصة الولايات المتحدة والاتحاد الأوروبي. بل أكثر من ذلك فإن الدول النامية والأقل نمواً ترى في نفسها ضحية سياسات التصنيع الخاطئة التي اتبعتها الدول المتقدمة، وعرضتها لمصير مشؤوم في حالة ارتفاع درجة حرارة الكرة الأرضية، إذ لا تملك الموارد المالية والتقنية التي تعينها على مواجهة سلبيات هذه الظاهرة.

وعلى العكس من ذلك ترى الولايات المتحدة الأمريكية أنه اتفاق ظالم لها، وغير محقق لمصالحها. وتستند الولايات المتحدة في ذلك إلى وجود دول وإن كانت نامية في الوقت الحالي، إلا أنها ليست كذلك في المستقبل القريب، خاصة الصين، والهند، حيث ستتحول هذه الدول لتصبح من بين الدول المسؤولة عن ظاهرة انبعاثات الغازات الدفيئة. فهذه الدول تنفذ برامج ضخمة للتصنيع دون أن تقدم أي التزامات في مجال تخفيض الانبعاثات.

وترى الإدارة الأمريكية التي كان يتزعمها الرئيسي جورج بوش الابن أن هذا الاتفاق لن يحقق الهدف منه طالما بقيت هذه القوى الاقتصادية الجديدة خارج نطاق الالتزامات. فما تفعله دول كالولايات المتحدة ودول الاتحاد

الأوروبي من تخفيض لانبعاثات الغازات الدفيئة، سوف تضيعه جهود الصين والهند في مجالات التنمية الصناعية.

واستناداً إلى وجهة النظر الأمريكية لحالة عدم التوازن في الالتزامات التي يتضمنها اتفاق كيوتو، دعا الرئيسي الأمريكي جورج بوش الابن إلى معارضة تصديق الولايات المتحدة على الاتفاق. ورفضت الولايات المتحدة هذا البروتوكول في 2001، علما بأنها تمثل 21 في المائة من الانبعاثات العالمية لثاني أكسيد الكربون والغازات الأخرى التي تساهم في ارتفاع حرارة الأرض. وبرر الرئيس جورج بوش انسحاب بلاده من الاتفاقية، بأنها مكلفة للغاية وتقود الدول النامية بطريقة خاطئة بعيدا عن تحقيق الأهداف الموضوعة بحلول عام 2012. كما انسحبت أستراليا أيضا من الاتفاقية والإدارة الأمريكية المحافظة - دفاعاً عن مصالح رجال الأعمال - ترى أن التزام الولايات المتحدة بتخفيض انبعاثات الغازات الدفيئة بنسبة 7% أقل من المستوى الذي كانت عليه 1990 خلال الفترة 2008-2012 لن يتم إلا بتكلفة عالية جدا. وتعيب هذه الإدارة على اتفاق كيوتو تركيزه الشديد على مصالح المدى القصير متجاهلاً الوضع الذي ستصبح عليه ظاهرة الانبعاثات في الأجل الطويل، ومن ثم هناك حاجة - طبقاً لتقدير الإدارة الأمريكية - إلى إعادة صياغة الاتفاق بطريقة تخلق التوازن المطلوب بين التزامات القوى الاقتصادية القادمة كافة (الصين، الهند، روسيا الاتحادية) دون تفرقة بين الدول المتقدمة والدول النامية.

مع دخول الاتفاقية حيز التنفيذ أصبحت 34 دولة صناعية، لا تشمل الولايات المتحدة، ملزمة قانونيا بأن تخفض بحلول العام 2012، مستوى انبعاث الغازات التي تسبب تغييرات مناخية. وبين هذه الدول خصوصا بلدان الاتحاد الأوروبي واليابان وكندا وروسيا.

وفي الواقع، وفي ضوء كل ما تقدم يمكن القول، إن أية معالجة لمسألة

البيئة يفترض أن تكون لها أبعاد شمولية، أي أن تكون موضع مسؤولة دولية تضامنية مشتركة، وأن تحظى برعاية وتعاون كل أعضاء المجتمع الدولي بهدف إحلال الاقتصاد البيئي والاجتماعي على المستوى الدولي محل الاقتصاد النيوليبرالي المستغل على الصعيد الكوني. والطريق الموصل إلى هذا الأمر يبدأ بجعل جميع الأعمال الاقتصادية والسياسية للدول خاضعة لنوع من غلبة الأمور البيئية التي تتضمن بطبيعتها الأمور الاجتماعية.

ومن المناسب أن يدرس اختصاصيو العلاقات الدولية، البيئة كعلم جديد مساعد ومهم لفهم رهانات المستقبل والتحديات الجديدة؛ ليكون بمقدورهم إعداد برامج ووضع سياسات دولية للقرن الواحد والشعرين.

والتحدي البيئي يستوجب تنمية النظريات ذات البعد الكوني الأخلاقي، وذلك باعتبار أن السياسة البيئية مرتكزة أولاً وقبل كل شيء على الأخلاق والقيم والمسؤولية على المستوى العالمي الكوني.

الفصل الثالث

الإرهاب الدولي

تشكل ظاهرة الإرهاب أهم وأخطر الظواهر التي عرفتها المجتمعات الإنسانية. وقد تعاظمت هذه الظاهرة وتضاعف مستوى خطورتها في المجتمع الدولي والعلاقات الدولية بشكل ملفت للانتباه وخصوصاً في العقدين الأخيرين من القرن العشرين سواء من حيث مظاهرها، أو على مستوى النطاق الذي تجري فيه، أو بالنسبة لعدد الجهات والأطراف التي تمارسها.

وعلى الرغم من كل مظاهر الاهتمام الدولي والعالمي بظاهرة الإرهاب، فلا يزال الغموض يكتنفها إلى الحد الذي يمكن القول فيه إنه لا يوجد اتفاق بين الباحثين والمعنيين حول تحديد ما المقصود بالإرهاب؟ ويبدو أن الصعوبة في الوصول إلى اتفاق بشأن تعريف الإرهاب مبعثه الاختلاف في وجهات النظر في تحديد هذه الظاهرة وتوصيفها وتحليلها من قبل الذين تصدوا لها.

فعلى مستوى التأصيل الفقهي للظاهرة بدأ استخدام كلمة إرهاب (Terrorist) في نهاية القرن الثامن عشر للتعبير بشكل أساسي عن أعمال العنف الذي تقوم به الحكومات لضمان خضوع الشعوب لها. ثم تطور الأمر وأصبحت الكلمة تطلق بشكل أساسي على أعمال العنف الذي يقوم به أفراد أو جماعات.

وقد شغل موضوع تعريف الإرهاب حيزاً واسعاً من اهتمام الأوساط المعنية بدراسته. فعلى صعيد المؤتمرات العلمية وجهود المنظمات الدولية والإقليمية نجد أن المؤتمر الدولي الذي عقدته عصبة الأمم عام 1937، والذي تمخضت عنه اتفاقية دولية لقمع ومنع الإرهاب، اعتبر الإرهاب هو تلك الأعمال

الإجرامية الموجهة ضد دولة من الدول ويكون هدفها إثارة الفزع والرعب لدى شخصيات معينة أو لدى جهات من الناس أو لدى الجمهور العام. أما الميثاق الأوربي لقمع الإرهاب لسنة1977 فنص في مادته الأولى على نزع الصفة السياسية عن مجموعة من الجرائم التي اعتبرها بمثابة عمل إرهابي. فالإرهاب هو كل عمل ينطوي على عنف مؤذ ومدمر من دون أن يحمل معه أغراض سياسية.

وعلى مستوى منظمة الأمم المتحدة، فإنها أنشأت عام 1979 لجنة خاصة بالإرهاب عرفت بلجنة الإرهاب الدولي. وقد عرفت اللجنة الإرهاب الدولي بأنه عمل ينطوي على استخدام العنف، أو التهديد باستخدامه ويصدر من فرد سواء كان يعمل بمفرده، أو بالاشتراك مع أفراد آخرين، ويوجه ضد الأشخاص أو المنظمات أو الأمكنة أو النقل أو أفراد الجمهور العام بهدف تقويض علاقات الصداقة بين الدول أو المواطنين. كما وأن التآمر أو محاولة ارتكاب أو الاشتراك أو التحريض على ارتكاب الجرائم السابقة يشكل جريمة إرهاب دولي(7).

أما على صعيد الجهود المبذولة من قبل الدول العربية، فقد تم التوقيع على الاتفاقية العربية لمكافحة الإرهاب عام 1998، وعرفت الفقرة الثانية من المادة الأولى من هذه الاتفاقية الإرهاب بأنه كل فعل من أفعال العنف، أو التهديد به، أياً كانت بواعثه أو أغراضه يقع تنفيذاً لمشروع إجرامي فردي أو جماعي بهدف إلقاء الرعب بين الناس أو ترويعهم بإيذائهم أو تعريض حياتهم أو أمنهم للخطر أو إلحاق الضرر بالبيئة أو بأحد المرافق أو الأملاك العامة أو الخاصة أو احتلالها أو الاستيلاء عليها، أو تعريض أحد الموارد الوطنية للخطر.

أما على صعيد دول الاتحاد الأوربي، وخلال اجتماع وزراء خارجيتهم في هولندا لبحث أهم القضايا المرتبطة بخطط مكافحة الإرهاب بتاريخ 2001/11/16، فقد قدمت بلجيكا صيغة لمشروع تعريف هذه الظاهرة حددتها في (مختلف الأفعال الإجرامية التي ترتكب بنية الإرهاب الجسيم للعامة بهدف إجبار سلطة مثل دولة أو منظمة دولية على التصرف على نحو معين، أو بهدف تدمير هياكل الدولة أو مجتمع أو منظمات دولية)(8).

ومن خلال ما تقدم يمكن القول، إن الإرهاب هو عمل ينطوي على استخدام العنف المنظم بشتى مظاهره المادية والمعنوية، وبشكل يثير الرعب والخوف ويترتب عليه خسائر جسيمة في الأرواح والمنشآت والآليات المستهدفة بغية تحقيق أهداف سياسية أو شخصية بشكل يتنافى وقواعد القانون الداخلي والدولي.

من ناحية أخرى، وعلى صعيد الجهود الدولية لاحتواء ومكافحة ظاهرة الإرهاب، فإنه يمكن القول، إن الوعي الدولي كان قد تنامى في العقود الأخيرة بأهمية مكافحة هذه الظاهرة من خلال إجراءات جماعية مشتركة وفعالة في إطار من التنسيق والتعاون. فعلى مستوى منظمة الأمم المتحدة، أدرج موضوع الإرهاب ضمن جدول أعمال الدورة (27) للجمعية العامة للأمم المتحدة عام 1972، إلا أن الجهود المبذولة بشأنها لم تحقق نتائج ملموسة. ويمكن أن نشير هنا إلى بعض جهود الجمعية العامة في هذا الشأن مثل قرارها رقم (2625) في دورتها (25) بتاريخ 24/أكتوبر/1970، والمرتبط بإعلان مبادئ القانون الدولي بشأن العلاقات الودية والتعاون، حيث تم التأكيد على (وجوب الامتناع عن تنظيم القوات غير النظامية أو العصابات المسلحة...). ثم قرارها برقم (8) الذي اتخذته في دورتها (32) عام 1977 والمرتبط بسلامة الملاحة الجوية والذي أكدت فيه على إدانة كل أعمال خطف الطائرات وكل ما يؤدي إلى تهديد سلامتها وسلامة راكبيها. وهناك القرار (146) في دورتها (34) عام 1979 الذي اعتمد الاتفاقية الدولية الخاصة بمناهضة احتجاز الرهائن.

وبتاريخ 11/ديسمبر/1973 تبنت الجمعية العامة قراراً نص على دراسة وجوب اتخاذ إجراءات لمنع الإرهاب. ثم ألحقت به قراراً آخر صدر في العام نفسه تمحور حول منع ومعاقبة الجرائم المرتكبة بحق الشخصيات التي تقع تحت حماية القانون الدولي.

اتخذت الجمعية العامة قراراً مهماً أدانت فيه الإرهاب الرسمي والأنظمة العنصرية، ودعت إلى عقد مؤتمر دولي لتحديد مفهوم الإرهاب، وقد عارضته الولايات المتحدة والكيان الصهيوني(9).

من جهة أخرى وحتى عام 1997، وصل عدد الاتفاقيات الدولية التي تتعلق بالجرائم المرتبطة بالإرهاب، والتي أودعت لدى الأمم المتحدة، إحدى عشر اتفاقية، وتتناول كل واحدة منها جانباً محدداً من جوانب الجهود الرامية للقضاء على الإرهاب(10).

ومن أهم الاتفاقيات بهذا الشأن نذكر: اتفاقية جنيف لسنة 1937 المرتبطة بمواجهة الإرهاب، اتفاقية واشنطن عام 1971 الخاصة بمنع ومعاقبة أعمال الإرهاب التي تأخذ شكل جرائم ضد الأشخاص وغيرهم من الفئات ذات الأهمية الدولية. ثم الاتفاقية الأوربية لقمع الإرهاب والموقعة بتاريخ 1977/1/27، حيث تضمنت لائحة للأفعال الخاضعة للتسليم والاختصاص القضائي. ثم هناك اتفاقية طوكيو الموقعة بتاريخ 14/سبتمبر/1963 بشأن حماية الملاحة الجوية وقد اعترتها بعض النواقص مثل عدم اعتبارها الاستيلاء على الطائرات جرائم تستوجب العقاب. ثم جاءت بعد ذلك اتفاقية لاهاي عام 1970 الخاصة بحماية الملاحة الجوية أيضاً لسد الثغرات الخاصة في الاتفاقية السابقة، حيث جاءت أكثر شمولاً في معالجة ظاهرة الاختطاف، ومع ذلك اعترتها هي الأخرى بعض النواقص خاصة فيما يتعلق بعدم تحريمها لبعض الأنشطة الإرهابية التي تمس ملاحة الطيران المدني، كتلك المرتبطة بالاشتراك والشروع بالأنشطة التي تتم في الطائرة وهي جاثمة على الأرض. إلا أن اتفاقية مونتريال المنعقدة عام 1971 جاءت لسد ما لحق بالاتفاقيتين السابقتين من ثغرات وهفوات حيث جاءت أكثر دقة وشمولاً(11). هذا بالإضافة إلى العديد من المؤتمرات واللقاءات الدولية التي اهتمت بهذا الشأن، ومنها قمة صانعي السلام المنعقدة بشرم الشيخ بمصر بتاريخ 13/آذار-مارس/1997، ومؤتمر قمة مجموعة الدول الصناعية السبعة المنعقدة في فرنسا في 28/يونيو - حزيران 1997، كذلك الإعلان الصادر بمناسبة الذكرى الخمسين لإنشاء هيئة الأمم المتحدة في أكتوبر / تشرين الأول 1995، وهو الإعلان الذي أكد على أهمية التعاون الدولي في القضاء على الإرهاب.

ما تقدمنا به كان محاولة لاستعراض الجهود الدولية لمكافحة ظاهرة الإرهاب، لكن ما ينبغي الإشارة إليه هو أن هذه الظاهرة تتنوع وتتعدد أصنافها بتعدد وتنوع المدى والنطاق والأطراف والفاعلين والطبيعة والأهداف المرتبطة بها. وعلى هذا يذهب البعض إلى وضع مجموعة معايير تساعد على التمييز بين أنماطه، أي أنماط الارهاب، فتبعاً لمعيار النطاق أو المكان، يتم التمييز بين الإرهاب المحلي والإرهاب الدولي. فالأول تتم ممارسته داخل حدود دولة معينة من قبل أفراد أو قوى محلية لا تحصل على مساعدات أو دعم خارجي، ويكون ضحاياه محليين في الغالب. وهذا النوع من الإرهاب لا يثير مشاكل دولية، خاصة وأنه يخضع للاختصاص القضائي الجنائي الداخلي. أما الصنف الثاني فيستمد صفته الدولية من اختلاف وتباين جنسيات المشاركين في العمليات، واختلاف جنسيات ضحاياه وتنوع مدى نطاقه الذي لا يخضع بالضرورة لسيادة الدولة التي ينتمي إليها الجاني أو الجناة، ناهيك عن نتائجه الدولية (خطف الطائرات، التفجيرات..) وغالباً ما يتم ذلك بتحريض أو بدعم من جهات أجنبية. وعلى خلاف النمط الأول، فهذا النوع من الإرهاب لا يخضع للاختصاص القضائي الداخلي، وإنما تحكمه مقتضيات الاتفاقيات والمعاهدات الدولية(12).

ووفقاً لمعيار الفاعلين يتم التمييز بين الإرهاب الفردي وإرهاب الدولة. وبالنظر إلى أهمية هذا ا التصنيف، وخاصة في ارتباطه بالكفاح المشروع أو المقاومة الوطنية المسلحة ضد المحتل، سنحاول التركيز عليه بنوع من التوضيح.

يقصد بالإرهاب الفردي (ذلك الإرهاب الذي يرتكبه عادة أشخاص سواء بشكل فردي أو تنظيم جماعي وعادة ما يوجه ضد نظام دولة أو حتى ضد فكرة الدولة عموماً وهو إرهاب منتشر ومستمر ومتنوع في أهدافه ووسائله)(13). أما إرهاب الدولة فهو (تلك الأعمال الإرهابية التي تقودها وتخطط لها الدولة من خلال مجموعة الأعمال والسياسات الحكومية التي تستهدف نشر الرعب بين المواطنين لإخضاعهم داخلياً أو في الخارج بهدف تحقيق الأهداف التي لا تستطيع الدولة، ولا تتمكن من تحقيقها بالوسائل المشروعة)(14).

وهناك من يرى أن إرهاب الدولة، أو الإرهاب الرسمي، يقصد منه تخويف المعارضة وإجبارها على طاعة الحكومة، أو إرهاب تقوم به الدولة وتمارسه ضد نظام أو شعب يسعى للتحرر والتخلص من الاستغلال والسيطرة. في حين هناك وجهة نظر أخرى ترى أن إرهاب الدولة هو أخطر أشكال الإرهاب الدولي لأنه أداة تستخدمها الدولة في العدوان والبطش والسيطرة والتدخل في الشؤون الداخلية للدول(15). وإرهاب الدولة هو الذي تشرف عليه الحكومات ويتم ذلك على مستويين: داخلي، من خلال منظمات الدولة أو مجموعات إرهابية تنشئها لهذا الخصوص لغرض إرهاب المجتمع ككل أو جزء منه للقضاء على المعارضة وضمان استمرار النظام السائد. المستوى الثاني خارجي: ويتم من خلال إرسال الدولة مجموعات إرهابية لاغتيال بعض معارضيها في الخارج مثلاً، أو تخريب منشآت دولة أخرى بشكل مباشر، أو من خلال تقديم مساعدات مالية وتسهيلات وتدريبات ومعلومات وجوازات وتأشيرات مرور لجماعات معينة بغية تحقيق الأهداف المتوخاة. بمعنى آخر، أن إرهاب الدولة هو الذي تباشر فيه الدولة أعمال العنف، أو الأعمال العدوانية بنفسها وبواسطة أجهزتها، أو باستئجار مجموعة من الأفراد للقيام بالعمليات الإرهابية لصالحها، مستهدفة إما جماعة أو أفراد أو دولة بذاتها مستخدمة بذلك قوتها الاقتصادية أو السياسية أو العسكرية أو جميعها معاً.

ومما تجدر الإشارة إليه أن هناك مجموعة من المختصين وفقهاء القانون الدولي يرون أن إرهاب الدولة يماثل العدوان أكثر من انتسابه للإرهاب الدولي، ويعتبرونه بديلاً لاستخدام القوة التقليدية، الأمر الذي يعني أن الإرهاب والحالة هذه حل محل الحرب، وبالتالي يتم اللجوء إليه عوضاً عن الاستخدام العادي والمباشر للقوة التقليدية.

هذه المقاربة بين الإرهاب والحرب قد تثير اللبس أحياناً، خاصة وأن لكل منهما خصائص يتميز بها عن الآخر. ولعل ما يميز الحرب عن الإرهاب أن الحرب شكل متقدم من أشكال المجابهة والصراع بين القوات المسلحة لطرفين

متنازعين أو أكثر تحقيقاً لأهداف ومصالح يسعون إليها. وبما أن ميثاق الأمم المتحدة كان أكثر وعياً وأكثر حرصاً من الجماعة الدولية بضرورة إنقاذ الإنسانية من ويلات الحرب، فقد حرمت المادة الثانية من الميثاق التدخل في الشؤون الداخلية للدول، والتهديد باستخدام القوة أو استخدامها ضد سلامة الأراضي أو الاستقلال السياسي لأي دولة، وعلى أي وجه لا يتفق ومقاصد الأمم المتحدة باستثناء حالتي الدفاع الشرعي للدول أثناء تعرضها للعدوان وبقيود واشتراطات المادة (51) من الميثاق، وحالة الأمن الجماعي بمقتضيات الفصل السابع من الميثاق، الأمر الذي أخرج الحرب من دائرة الشرعية في إطار العلاقات الدولية.

فالحرب تتميز عن الإرهاب بكونها صراع بين جماعتين مسلحتين في إطار تنظيم قانوني بينما الإرهابي يكون الطرف الوحيد المسلح بين الأطراف المتنازعة، ولأن دخول الإرهابي إلى مسرح الأحداث يكون بصور مفاجئة وغير متوقعة، فإن هذا الأمر يجعل منه، أي الإرهابي، سيد الموقف طوال المرحلة الأساسية للعملية الإرهابية. كذلك الحال بالنسبة لهوية الإرهابيين التي تكون غالباً مجهولة وغير معروفة على عكس هوية المحاربين المعلنة للعالم.

إن إرهاب الدولة، أو الإرهاب الذي تمارسه دولة ما ضد الغير، له تطبيقات عدة. ولعل أبرز نموذجين يمكن الإشارة لهما بهذا الصدد هما، الكيان الصهيوني والولايات المتحدة الأمريكية. فالكيان الصهيوني، وعلى امتداد تاريخه على أرض فلسطين مارست أجهزته المتنوعة أبشع أنواع الإرهاب ضد الشعب الفلسطيني، عمليات تخويف وترويع وتهجير واعتقالات واغتيالات وتجريف مساكن.. الخ. كما لم يكتفِ هذا الكيان بعمليات إرهابية داخلية، إنما تعرض أيضاً لبعض الأقطار العربية بعمليات عسكرية إرهابية - عدوانية: العمليات العسكرية ودخول لبنان عام 1982، قصف المفاعل النووي العراقي عام 1981، قصف منظمة التحرير الفلسطينية في تونس عام 1985.

أما الولايات المتحدة الأمريكية فلها هي الأخرى تاريخ حافل في هذا

الميدان، ولعل آخر ما مارسته من عمليات إرهابية، الحرب التي شنتها ضد أفغانستان عام 2001، وحربها ضد العراق عام 2003 مستخدمة في وصف عملياتها العسكرية تسمية تؤكد المعنى والمضمون الإرهابي الذي اقترنت به وهو الصدمة والترويع، وهي حرب دمرت فيها الدولة العراقية ومزقت المجتمع العراقي مخلفة من وراءها تقسيمات طائفية وعرقية، ناهيك عن المهجرين في الداخل والخارج والقتلى والشهداء والأرمال والأيتام من دون أن يكون لهذه الحرب أية مسوغات أو مبررات قانونية، ولا حتى أخلاقية أو إنسانية.

وأخيراً، فإن ما ينبغي التأكيد عليه بهذا الصدد، هو أن ظاهرة الإرهاب غالباً ما تتداخل مفاهيمياً مع الكفاح المسلح المشروع والمقاومة الوطنية ضد المحتل، ومصدر هذا التداخل هو أن كلاهما يمثل مظهر من مظاهر العنف السياسي المنظم، لكن الفارق بينهما واضح وكبير.

فالكفاح المسلح أو المقاومة الشعبية والحركات التحررية هو سلوك يحمل قدراً من العنف في مواجهة المستعمر أو قوى الاحتلال من أجل تحقيق الاستقلال والتحرر من الاستعمار أو القوى الخارجية المحتلة، وتختلف مظاهرة بين ما هو فردي أو جماعي، مباشر أو غير مباشر، مسلح أو غير مسلح. ويرى البعض أن الطابع الشعبي والدافع الوطني وعنصر القوى التي تجري ضدها عمليات المقاومة هي العناصر الأساسية والمرتكزات الحقيقية التي تميز الكفاح المشروع عن غيره من أعمال العنف ولاسيما الإرهاب، وهو ما لا يتوافر في الإرهاب مطلقا. ويستمد هذا الشكل المميز من العنف مشروعيته الدولية من مبادئ الثورتين الفرنسية والأمريكية، ومبدأ مونرو، ومن قواعد ومبادئ القانون الدولي الإنساني التي تؤكد عل حماية أفراد المقاومة الشعبية المسلحة والتي تجسدها اتفاقية جنيف ومؤتمر فينا، ومبادئ وميثاق الأمم المتحدة التي تؤكد على شرعية تقرير المصير والحق في الدفاع الشرعي الجماعي والفردي، والإعلان العالمي لحقوق الإنسان الصادر بتاريخ 1948/12/10، هذا فضلاً عن ما ذهب إليه الفقه الدولي في غالبيته باعتبار

هذا العمل ومشروعاً لأنه يستهدف عملاً غير مشروع من الناحية القانونية والإنسانية. وهناك جملة قرارات دولية أكدت على شرعية الكفاح المسلح الذي تخوضه الشعوب من أجل تقرير المصير ونيل الاستقلال، منها القرار (2625) بتاريخ 1970/10/24 الذي أجاز بصورة علنية ومباشرة للشعوب التي تناضل في سبيل تقرير مصيرها أن تقاوم كل أعمال العنف التي تمارس ضدها. كذلك القرار (3246) بتاريخ 1974/11/29 الذي أكد على حق الشعوب في الكفاح المسلح لتقرير مصيرها والحصول على استقلالها، والقرار (3314) الصادر في 1974/12/14 الذي يعترف أيضاً للشعوب الخاضعة للأنظمة الاستعمارية والعنصرية، أو أي شكل آخر من أشكال الهيمنة الأجنبية بحق الكفاح في سبيل نيل الاستقلال، هذا إلى جانب العديد من القرارات التي صدرت عن المنظمات الإقليمية كمنظمة الوحدة الأفريقية وجامعة الدول العربية ومنظمة المؤتمر الإسلامي. بالإضافة إلى القرارات المهمة التي صدرت عن حركة عدم الانحياز بهذا الشأن.

الفصل الرابع

العولمة

يثير مفهوم العولمة (Globalization) على الصعيد المعرفي إشكاليات فكرية عديدة بدأت في إطار الدراسات الاقتصادية، وامتدت إلى ميادين علمية أخرى كالاجتماع والسياسة والبيئة والإعلام والثقافة والمعلوماتية والعلاقات الدولية، ومن ثم أصبح لهذا المصطلح شيوع كبير له طابع كوني جعله موضع اهتمام كثير من الباحثين على اختلاف توجهاتهم العلمية والأيديولوجية؛ لاستقصاء مساراته وانعكاس هذه المسارات على أرضية الواقع المعاصر، مما خلق نوعاً من الجدل الدائر المنبثق عن تضارب المصالح والأهداف القائمة على رؤية أحادية تجاه مفهوم متعدد الأبعاد متشعب الأنماط، هو مفهوم العولمة.

ويذهب (رونالد روبرتسون) إلى أن المهمة الأساسية للنظرية الاجتماعية هي تفسير مسارات العولمة بصورة متعددة الأبعاد ومعالجة مشكلة النظام الكوني مع وجود حساسية خاصة نحو أبعادها الثقافية، وتقديم إطار تحليلي يمكن أن يؤول ردود الأفعال العديدة تجاه العولمة، ويتغلب على قيودها الخاصة، وأيضاً تحليل العولمة من ناحية موضوع الحداثة ومن خلال نقد نظرية الأنظمة العالمية وتناولها للثقافة.

وقد جعل المنظرون الاجتماعيون في القرن التاسع عشر من أمثال (أوكست كونت) و (سان سيمون) و (كارل ماركس) ما يسميه كثيرون الآن بالعولمة محور اهتمامهم وعملهم التحليلي السياسي حين ساد الاعتقاد على مستوى الجبهة السوسيولجية بأن الرأسمالية آخذة بالتوجه نحو توحيد العالم اقتصادياً وثقافياً واجتماعياً.

وفي العقد السادس من القرن العشرين سادت في الفكر الغربي إرهاصات حول العولمة اتخذت منهجين متقاربين: أولهما علمي - موضوعي والآخر أيديولوجي - فكري.

فعلى الصعيد الأيديولوجي - الفكري، جرى نقاش عميق حول دينامية النظام الرأسمالي والمدى الفائق الذي يمكن أن يحققه بفعل الثورة العلمية التكنولوجية وتم في إطاره صياغة منظومة مفاهيمية من قبيل مفهوم (المجتمع ما بعد الصناعي) لدانيال بيل، ومفهوم (مجتمع الوفرة) لجون جالبرت، ومفهوم (القرية الكونية) لمارشال ماك لوهان، ومفهوم (عصر التكنترون) لبرجنسكي، وكلها تصب في مجرى التبشير بازدهار النظام الرأسمالي وما يرافقه من صياغة فكرية - أيديولوجية ستحدثه مغلفة بالمبادئ الإنسانية كالديمقراطية والمساواة والحرية الكاملة على الأصعدة الدولية كافة وهي على الجملة تعدَّ أبرز وأهم تجليات العولمة وتحقيق هدفها في الهيمنة عابرة القوميات، وهي بهذا المعنى، أي العولمة، تمثل صياغة جديدة لإعادة المركزية الرأسمالية في شكل جديد مستحدث.

أما على الصعيد العلمي - الموضوعي فإن العولمة تجلت بما نشهده اليوم من ثورة علمية تكنولوجية تمثل في الواقع خلاصة تطور الفكر الإنساني وما توصل إليه في ميادين العلم والمعرفة. وهذا بالأساس ما أعطى التكنولوجيا قوتها وسلطتها الحالية، وهو ما جعل العلم الحديث وتطبيقاته التكنولوجية المعاصرة ذا تأثير بالغ الأهمية على الإنسان في هذا العصر مقارنة مع أي وقت مضى من تاريخ البشرية بوصفه يمثل القاعدة الأساسية للاقتصاد الحديث، ووسيلة لخلق الثروة، والضرورة الإستراتيجية لتحديد متطلبات وانعكاسات كل هذا على تحقيق الأهداف السياسية وربما الأهم، فقد ساهم العلم وتكنولوجياته المتطورة عبر تقنيات الحاسوب وأجهزة الاتصالات في التمهيد ومن ثم بروز ظاهرة العولمة.

إن الثورة العلمية التكنولوجية التي تسمى أحياناً بالثورة الثالثة، شكلت

انعطافاً تاريخياً كبيراً في حياة البشرية، إذ حولت العالم بوحداته وتجمعاته البشرية إلى حالة متداخلة متفاعلة.

فالحضارات، ومن ثم المجتمعات كانت قائمة على الانتقال، أما اليوم فهي قائمة على الاتصال، وبموجبه تحول العالم، وكما سبقت الإشارة، إلى ما يمكن وصفه بالقرية العالمية أو القرية الإلكترونية للدلالة على ترابط الأجزاء المترامية من العالم بجغرافيته ومجموعاته البشرية في شبكة معقدة ومترابطة هي الأخرى من وسائل الاتصالات والمواصلات. لقد انطوت الثورة العلمية والتكنولوجية على سمات مركزية وخصوصاً في قطاعات التكنولوجيا، كالإعلام والاتصال والمعلومات. وقد تمثلت أولاً في غزو المعلومات لكل ضروب حياة الأفراد والجماعات، وبروز ما يمكن تسميته بصناعة المعلومات من حيث إنتاجها وتخزينها وتداولها واستهلاكها بوصفها المحرك القوي والجديد للاقتصادات والمجتمعات.

كما وأن أهميتها تكمن ثانياً في تزايد نسبة المعلومات في تكوين السلع والخدمات لدرجة أصبحت معها المعلومات هي كلفة الإنتاج الأولى مقارنة بالأيدي العاملة مثلاً أو بالمواد الأولية. كما هي تتمثل ثالثاً بازدياد قيمة وحجم البحث والتطوير ضمن الصناعات الخدمية والإنتاجية والإعلامية والاتصالية. وتتمثل رابعاً بمدى تأثير هذه التطورات الحاصلة في مجال الإعلام والاتصال والمعلوماتية على أنماط التنظيمات والتوظيفات المكرسة طيلة عهود ما قبل عصر المعلومات.

خصائص الثورة العلمية - التكنو - معلوماتية يمكن حصرها في موضعين:

الأول: هو الأتمته، وتعني دمج المراحل الإنتاجية مع بعضها البعض وفق سلسلة متدرجة بآلية دقيقة من دون تدخل الإنسان فيها.

الثاني: هو الانفجار المعرفي، ويعني تضخم المعلومات وتفجيرها وتدفقها وازدياد إمكانية الحصول عليها وانتشارها مما يؤسس لظهور مجتمع المعلومات الذي تجاوز المجتمع الصناعي، وكان من تجليات ذلك:

1. التغيير في وسائل الإنتاج: أي الانتقال من الوسائل الميكانيكية والصناعية التقليدية إلى الوسائل الرقمية الحديثة.

2. التغيير في مواد العمل والإنتاج، وذلك بإنتاج مواد تركيبية أو مصنعة تتجاوز المواد الأولية التي تقدمها الطبيعة، أو أنها تعتمد عليها بمعدلات ونسب أقل بكثير مما كانت تعتمد عليه.

3. التغيرات في قوى الإنتاج، وذلك بإحلال الأجهزة العصرية في قيادة الإنتاج بدلاً من الإنسان.

المظاهر التي تقدمنا بذكرها ترتبط جميعها بمفهوم العولمة وتؤشر دلالاتها، كاشفة عن سياسات أكبر الدول تمثيلاً للنظام الرأسمالي وهي الولايات المتحدة الأمريكية الساعية نحو فرضها وتقنينها وبرمجتها مستهدفة إعادة تنميط وتشكيل العالم سياسياً واقتصادياً بما يتوافق مع مصالحها.

في الواقع، إن العولمة يمكن أن ينظر إليها من زوايا مختلفة ولكنها مترابطة - فالعولمة كأيديولوجية تقوم على فكرة انتصار الحضارة الغربية بقيمها ومفاهيمها ومعطياتها ومنتجاتها المادية لتؤسس لحضارة إنسانية جديدة، أو حضارة تكنولوجية تقود العالم. والعولمة كظاهرة تشير إلى مجموعة من الإجراءات والممارسات والسياسات الصادرة عن القوة الكبرى في العالم وردود الأفعال التي تصاحبها. والعولمة كعملية تشير إلى كونها مرحلة تاريخية، أو هي بمثابة تطور نوعي في التاريخ الإنساني، ومن ثم فهي حصيلة تطور تاريخي تراكمي له جذوره وامتداداته.

أما على مستوى توصيف العولمة كظاهرة، فهناك من يرى أن العولمة يمكن إدراكها من خلال مجموعة شاملة من العمليات الاقتصادية والسياسية والأيديولوجية، ويوجد عند أساسها الاقتصادي تدويل التمويل والإنتاج والتجارة والاتصالات الذي تقوده أنشطة الشركات عابرة الأوطان واندماج أسواق رأس المال والنقود وتضافر تكنولوجيات الكومبيوتر والاتصالات. ويرى

فريق آخر أن العولمة تعني الانتشار العالمي للتكنولوجيا الحديثة في الإنتاج الصناعي والاتصالات من كل الأنواع عبر الحدود في التجارة، ورؤوس الأموال، والإنتاج، والمعلومات، والثقافة والأفكار(16). وهناك أيضاً وجهة نظر أخرى تذهب إلى أن العولمة تشير إلى أن يتحول العالم إلى كيان موحد في إطار عملية الدمج العالمي التي أدت إلى الدرجة العالية الراهنة من التعقيد العالمي والصراعات الثقافية المكثفة حول تحديد الوضع العالمي. كما أن أية عولمة تستطيع نظرياً أن تحيل العالم إلى كيان واحد عبر مسارات عديدة منها الهيمنة الاستعمارية لدولة واحدة، أو معسكر قوي أو انتصار شركة تجارية أو البروليتارية العالمية، أو أحد أشكال الدين أو الحركة الفدرالية العالمية(17).

وعموماً، وفي ضوء ما تقدم، يمكن القول إن كلمة العولمة تفيد معنى تعميم الشيء أو تعميم النماذج وتوسيع دائرتها لتشمل الكل.

أما من حيث نشأة ظاهرة العولمة، فإن الجدل يدور حول ما إذا كانت هذه الظاهرة قديمة، أو أنها من نتاج القرن التاسع عشر والقرن العشرين وما شهده العالم من تطورات صناعية ومن ثم تكنولوجية، وبالتالي تكنو - معلوماتية، هذا فضلاً عن التوسع الذي شهده النظام الرأسمالي على الصعيد العالمي.

ويؤكد (رونالد روبرتسون) أن العولمة مرت بخمس مراحل تاريخية هي:

1. المرحلة الجنينية: التي استمرت في أوربا منذ بداية القرن الخامس عشر إلى منتصف القرن الثامن عشر، وشهدت هذه المرحلة نمو المجتمعات القومية واتساع الكنيسة الكاثوليكية، وتعمقت خلالها الأفكار الخاصة بالإنسانية والحرية الفردية.

2. مرحلة النشوء: وهي المرحلة الممتدة من منتصف القرن الثامن عشر في أوربا وحتى سبعينيات القرن التاسع عشر. وفي هذه المرحلة حدث تحول حاد في فكرة الدولة الوحدوية المتجانسة، وأخذت تتبلور مفاهيم خاصة بالعلاقات الدولية الرسمية، ونشأ مفهوم أكثر تحديداً للإنسانية

وحماية الحرية الفردية، وزادت الاتفاقات الدولية وظهرت المؤسسات الخاصة بتنظيم العلاقات والاتصالات بين الدول، وبدأت مشكلة قبول المجتمعات غير الأوربية في المجتمع الدولي، وبدأ الاهتمام بموضوع القومية والعالمية.

3. مرحلة الانطلاق: وقد استمرت من سبعينيات القرن التاسع عشر وحتى منتصف العشرينيات من القرن العشرين. وتشير هذه المرحلة إلى الفترة التي برزت فيها اتجاهات العولمة الخاصة بمفاهيم تتعلق بالهويتين القومية والفردية، ثم إدماج عدد من المجتمعات غير الأوروبية في المجتمع الدولي، وبدأت عمليه الصياغة الدولية للأفكار الخاصة بالحرية الفردية والإنسانية، ومحاولة تطبيقها وعولمتها مع عولمة قيود الهجرة، وتزايد أشكال الاتصال الكونية وتعاظم سرعتها، كما شهدت عالمية التنظيم الدولي الممثل بنشأة عصبة الأمم.

4. مرحلة الصراع من أجل الهيمنة: والتي استمرت من منتصف عشرينيات القرن العشرين حتى أواخر الستينيات وبدأت فيها الخلافات والصراعات الفكرية - الأيديولوجية والمناقشات الاستعمارية.

5. مرحلة اتساع وتصاعد الوعي الكوني: بدأت هذه المرحلة في نهاية الستينيات وشهدت تنامي التطور التكنولوجي وبداية ثورة الاتصالات والمعلوماتية، كما شهدت نهاية الحرب الباردة وشيوع الأسلحة النووية وزادت المؤسسات الكونية والحركات العالمية وتعزز الاهتمام بالبشرية وظروف معيشتها ومشاكلها البيئية، وأصبح النظام الدولي أكثر سيولة وانتهى النظام الثنائي وبدأت ملامح النظام الأحادي والانفراد الأمريكي، وزاد الاهتمام في هذه المرحلة أيضاً بالمجتمع المدني العالمي وتم تدعيم نظام الإعلام الكوني.

في حين هناك من يرى أن العولمة تمثل ظاهرة تاريخية تشكلت في الأنساق الإقطاعية في أوربا في القرن السادس عشر، وتتسم بنمط إنتاجي هو نمط

الإنتاج الرأسمالي الذي أخذ يمتد نتيجة لطبيعته التوسعية التنافسية داخل أوربا ثم خارجها بمختلف أساليب التدخل والسيطرة العسكرية والتجارية والثقافية، وشمل فيما بعد أرجاء العالم وأصبح يمثل حضارة عصرنا الراهن(18).

ثمة اتجاه آخر في الرأي يذهب إلى أن العولمة، وإن كانت تمثل وحدة موضوعية من حيث المعطيات والمفاهيم، إلا أنه ينبغي التمييز بين عولمة كلاسيكية منتمية إلى القرن الخامس عشر وحتى نهاية القرن التاسع عشر، وعولمة معاصرة منسوبة إلى التحولات الثورية أو الجذرية التي شهدها القرن العشرين. وهنا تجدر الإشارة إلى أن التمييز بين عولمة كلاسيكية وأخرى معاصرة يكمن ليس في المفهوم، إنما في الآليات والأدوات. فالعولمة المعاصرة تتمثل في التطبيق الفعلي لسياساتها وبرامجها من خلال آلياتها وميكانزماتها التي رسخت لوجود الفكرة وطرحت نماذج جديدة. بينما العولمة الكلاسيكية، لم تكن لها أدوات وآليات وتقنيات العولمة المعاصرة، وهو يمثل فارقاً نوعياً مهماً بينهما رغم وحدة الفكرة ووحدة الموضوع. وقد تثير العولمة تساؤلات جدية حول الأسباب التي قادت إليها أو أسهمت في إنتاجها. وهنا لا بدّ من الإشارة إلى العولمة كظاهرة موضوعية فإنها تمثل وفي الوقت ذاته حتمية تاريخية بقدر ارتباطها بعملية التطور التاريخي وصعود الظواهر الاجتماعية والسياسية والاقتصادية والثقافية. بمعنى أن ظهور وتطور هذه الظواهر قادت إلى ما يعرف اليوم بالعولمة. وعلى هذا فإن من بين أهم الأسباب التي أدت إلى بروز ظاهرة العولمة هي:

1. الطبيعة التوسعية ذات التوجه الاحتكاري المتنامي لنمط الإنتاج الرأسمالي.
2. فشل التجربة الاشتراكية السوفييتية وتفكيك المنظومة الاشتراكية العالمية المناقضة للقطب الرأسمالي العالمي.
3. الثورة العلمية الثالثة المتنامية منذ الحرب العالمية الثانية والتي حققت

منجزات تكنولوجية في مجالي الاتصالات والمعلومات بما أزال حدود المسافات المكانية والزمانية وضاعف من قوى الإنتاج وأدى إلى اكتشافات معرفية ثورية وتغييرية. أما (جي. ثومبسون) فيرى ثلاثة أسباب لبروز ظاهرة العولمة من وجهة نظره وهي:

1. تضخم الشركات المتعددة الجنسية كإحدى الآليات المهمة للعولمة الاقتصادية فهي المثال الحي لرأس المال العالمي، وتمثل الفاعل الرئيسي في عولمة الإنتاج والأداة الأساسية لممارسة السيطرة الاقتصادية الجديدة لاسيما مع تحولها لإمبراطوريات إمبريالية.

2. الطفرة الراهنة للتقدم التكنولوجي والتي جاءت نتيجة الاستثمارات الضخمة للشركات المتعددة الجنسية بهدف استغلال إمكاناتها وتحسين قدرتها التنافسية خلال توسيع دائرة إنتاجها وتنويع أسواقها. ومن ثم فإن هذه الطفرة موجهة أساساً نحو العائد والمردود الذي تدره هذه الشركات لا نحو الريادة العلمية.

3. تملك الولايات المتحدة الأمريكية أدوات السيطرة المباشرة على إطار مؤسسي مكون من نظام استثماري عالمي بإدارة البنك الدولي للإنشاء والتعمير، ونظام نقدي بإدارة صندوق النقد الدولي، وهما نظامان يقومان بدوريهما في تحقيق انضباط العلاقات الاقتصادية العالمية، يضاف إليهما نظام تجاري عالمي بإدارة منظمة التجارة العالمية والتي خلقت اتفاقية الجات 1995(19)

كل هذه العوامل قادت إلى إنتاج وتطوير منظومة فكرية - قيمية مرتكزة على بنى مؤسساتية وأدوات فعَّالة أسهمت في إبراز وتعزيز النظام العالمي الأحادي النزعات والتوجه. وقد وجدت هذه المنظومة صداها في أنحاء العالم بسبب توسلها بمبادئ ومفاهيم تؤمن بها وتسعى إلى نشرها وتعميمها في إطار منظومة فكرية لها طبيعة مركزية، وهي تتمثل بحقوق الإنسان والديمقراطية وتحسين نوعية الحياة، وكلها قيم جذابة في ظل ظروف

الاستبداد والظلم والفقر التي تسيطر على بلدان الجنوب، لاسيما أن المناخ المهزوم في هذه البلدان أصبح جاهزاً لاستقبال هذه المنظومة. وإذا كنا قد وصفّنا العولمة أنها ظاهرة تنطوي على إشكالية فكرية ومفاهيمية، فإنها أيضاً، ومن ناحية أخرى، تمثل ظاهرة مركبة تتضمن أنماطاً متعددة اقتصادية، وسياسية، وثقافية.

وغالباً ما يشار إلى أن الأساس الذي انطلقت منه ظاهرة العولمة هو أساس له خصائص اقتصادية. وبالتالي فإن تحديد هذه الظاهرة ورصد دورها المؤثر في العلاقات الدولية يتمحور حول فكرة أن النظام العالمي الجديد هو في جوهره نظام اقتصادي قائم على أسس رأسمالية، مركزه الدول الصناعية التي تتقدمها الولايات المتحدة، وهامشه الدول النامية المستهلكة والمصدرة للمواد الأولية. والعولمة هي فكرة ترمي أساساً إلى توحيد العالم على أسس إنتاجية واحدة، وبناء سوق عالمية واحدة، وتدار عملياتها من قبل مؤسسات وشركات عالمية متعددة الجنسية، ذات تأثير كبير على كل الاقتصادات المحلية. أما الأسواق التجارية والمالية والعالمية فإنها لم تعد موحدة أكثر من أي وقت آخر فحسب، بل هي خارجة عن تحكم كل دول العالم.

وفي الواقع، أن الفكر الليبرالي، القائم على مفاهيم التجارة الحرة، آلية السوق، الخصخصة...الخ، يمثل الأساس الأيديولوجي للعولمة الاقتصادية التي ترى أن الاقتصاد العالمي لم يعد يخضع اليوم للرقابة التقليدية، ولم يعد يؤمن بتدخل الدولة في نشاطاته، وخاصة فيما يتعلق بانتقال السلع والخدمات ورأس المال. لقد بلغ النشاط الاقتصادي مرحلة الاستقلال التام عن الدولة القومية وعن الاقتصادات الوطنية التي كانت تمثل قاعدة الاقتصاد العالمي ووحدته الأساسية التي تتحكم في مجمل العمليات الإنتاجية والاستثمارية وعلى الصعيدين الداخلي والخارجي. كل ذلك كان يتم برعاية الدول وعبر تحكمها الكامل. إلا أن هذا التحكم التقليدي للدول في النشاط الاقتصادي أخذ بالتراجع لصالح تنامي واتساع النموذج الليبرالي - الاقتصادي الذي تقوده الولايات المتحدة.

إن انتقال مركز النقل الاقتصادي من الوطني إلى العالمي، ومن الدولة إلى الشركات والمؤسسات و التكتلات الاقتصادية هو جوهر العولمة الاقتصادية، والتي أصبح فيها الاقتصاد العالمي ونموه وسلامته، وليست الأقتصادات المحلية أو الوطنية، هو محور الاهتمام العالمي. كما وأن الأولوية الاقتصادية في ظل العولمة هي لحركة رأس المال والاستثمارات والموارد والسياسات والقرارات على الصعيد العالمي، وليس على الصعيد المحلي.

هذه الإستراتيجية الاقتصادية أو العولمة الاقتصادية، في تصمميها وسياقات عملها تستجيب لقرارات المؤسسات العالمية واحتياجات التكتلات التجارية ومتطلبات الشركات العابرة للقارات والمتعددة الجنسية. كذلك تصبح كيفية إدارة الاقتصاد العالمي أكثر أهمية من كيفية إدارة الاقتصادات المحلية أو الوطنية.

وبفعل النموذج الليبرالي أو العولمة الاقتصادية شهد النظام الاقتصادي العالمي، ومنذ التسعينات من القرن الماضي، مجموعة من الاتجاهات الاقتصادية الجديدة مثل الاتجاه نحو تداخل الاقتصاد العالمي، واندفاع الدول نحو نظام الاقتصاد الحر، والخصخصة والاندماج في النظام الرأسمالي كوسيلة لتحقيق النمو، وتحول المعرفة والمعلومة إلى سلعة إستراتيجية وإلى مصدر جديد للربح، وتحول اقتصادات الدول المتقدمة من التركيز على الصناعة أي التركيز على الخدمات والسلع الاستهلاكية، هذا فضلاً عن بروز منظمة التجارة العالمية، وتنامي دور الشركات الدولية وتعدد نشاطاتها في المجالات التجارية والاستثمارية.

ويبدو واضحاً من كل ما تقدم أن الهدف من هذا التوجه الاقتصادي العولمي يتمثل بتحويل العالم إلى عالم يهتم بالاقتصاد أكثر من اهتمامه بالشؤون الحياتية، بما في ذلك الأخلاق والقيم الإنسانية التي أخذت بالتراجع تدريجياً، وإن يجري استبدال كل ذلك بالعلاقات السلعية والربحية والنفعية. فالهدف هو تحويل المجتمعات الإنسانية إلى مجتمعات مستهلكة للسلع

والخدمات التي تروج على نطاق عالمي، وتديره أو تتحكم فيه عدد من الشركات العابرة للحدود والتي تعود أصولها للولايات المتحدة الأمريكية، حيث تقوم هذه الشركات بنسج تحالفات عابرة للقارات والمحيطات، وشديدة التنوع في نشاطاتها.

والملاحظ أن معظم هذه الشركات أصولها أمريكية، إلا أن نشاطها التجاري والمالي والصناعي، وعلى المستوى الإداري والتنفيذي والتسويقي والإنتاجي، وحتى الدعائي والإعلامي موزع على دول متعددة وأقاليم متنوعة.

وهذه الشركات تعمل من منطق إن حدودها هي حدود العالم، لذلك فهي لا تجد أي صعوبة في نقل سلعها وخدماتها وأصولها وإداراتها ومراكز بحوثها إلى أي مكان مستخدمة آخر التقنيات التي تختصر الزمان والمكان. هذه الشركات العملاقة تشكل خطراً على اقتصادات العديد من الدول خصوصاً الدول النامية، ذلك أنها مصدر لكل استغلال وذلك بسبب من امتلاكها قدرات احتكارية ضخمة تهدد بها السيادة الوطنية لتلك الدول وتؤثر على استقلالية قرارها السياسي.

ومن المظاهر المهمة على صعيد العلاقات الدولية، إلى جانب هذه الشركات هو الاتجاه العالمي المتصاعد نحو التحرير الكامل للتجارة العالمية التي دخلت مرحلة الانفتاح التام وغير الخاضع للقيود أو التحكم، وذلك بعد توقيع اتفاقية الجات وقيام منظمة التجارة العالمية عام 1996 والتي تضمن أكثر من 144 دولة تعهدت جمعيها بخفض الرسوم الكمركية على التجارة الخارجية، والتزمت بإزالة جميع القيود التي تعيق تدفق السلع والخدمات والمنسوجات بيسر وسهولة فيما بينها. وقد تم تعزيز اتفاقية الجات بتوقيع أكثر من 70 دولة على اتفاقية الخدمات المالية عام 1997، وهي الاتفاقية التي فتحت قطاع الخدمات المالية لهذه الدول، والتي تستحوذ أسواقها على 95% من تجارة المصارف والتأمين والأوراق المالية والاستثمارات المالية في العالم.

وعن طريق اتفاقية الجات يجري العمل على توسيع نطاق التبادل التجاري في تقنية المعلومات بحيث تشمل سلعاً أكثر ومعفاة من الرسوم الجمركية، وإلى تحرير كامل السلع التكنولوجية في التجارة العالمية.

إن منظمة التجارة العالمية هي اليوم أهم مؤسسة من مؤسسات العولمة الاقتصادية، ويشكل إنشاؤها منعطفاً تاريخياً في النشاط الاقتصادي العالمي. ورغم أن هذه المنظمة تنسق عملها وسياساتها مع بقية المؤسسات الاقتصادية العالمية، إلا أنها تعتبر الجهة الوحيدة التي تتولى إدارة العالم تجارياً، وذلك من خلال تطبيق مبادئها التي يأتي في مقدمتها مبدأ الدول الأولى بالرعاية، ومبدأ الشفافية التامة تجاه المعلومات والممارسات التجارية. إن هذه المبادئ والسياسات التي تقوم عليها منظمة التجارة العالمية، كتخفيض الرسوم الكمركية وفتح الأسواق التجارية على بعضها، وانتقال السلع بحرية تامة على الصعيد العالمي، كل ذلك سيقود إلى إلغاء الحدود القومية- الجغرافية بين الدول، ويخلق عالماً منفتحاً تجارياً ويستهلك أكبر قدر من السلع والمنتجات الصناعية.

ولا شك أن الدولة المستفيدة من هذه العولمة الاقتصادية هي الدول الأكثر متانة في بنائها الاقتصادي ومؤسساتها التجارية والمالية ذات الامتداد العالمي وهي ممثلة اليوم بالولايات المتحدة الأمريكية وباقي الدول الصناعية المتقدمة.

يمكن أن نستدل من خلال ما تقدم أن العولمة الاقتصادية يترتب عليها العديد من الآثار السلبية، لعل ما يأتي في مقدمتها، أضعاف سلطة ا لدولة المركزية في ضبط وتنظيم القطاعات الاقتصادية والإنتاجية داخل حدود سيادتها الوطنية، وتمثل الأزمة الاقتصادية المالية التي شهدها العالم عام 2009 خير دليل على ذلك، مما دفع العديد بالمطالبة إلى عودة تدخل الدولة لضبط آليات العمل الاقتصادي.

ومن السلبيات الأخرى التي تقترن بالجانب الاقتصادي لهذه الظاهرة تفاقم الديون الخارجية وتراجع معدلات التنمية وتضخم الفجوات القائمة بين الدول

الغنية والدول الفقيرة مع زيادة تحكم وسيطرة الأولى بالثانية، وازدياد الأغنياء ثراءاً والفقراء بؤساً، إذ أن سكان العالم الذين يعيشون في دول ذات دخل مرتفع يتحكمون في 86% من أسواق التصدير في العالم، و68% من الاستثمارات، ومن ثم فإن ما تحصل عليه الدول النامية والفقيرة قليل جداً، وأن الدول المتقدمة الفاعلة في العولمة سوف تستحوذ عليها بينما سيعاني باقي دول العالم النامي من التهميش والانكماش.

أما العولمة في مضمونها وإبعادها السياسية فإن جوهرها يتمثل بخلق عالم بلا حدود سياسية، أي إنها مشروع مستقبلي لمرحلة تطورية لاحقة للعولمة الاقتصادية والثقافية. فقيام عالم بلا حدود وسياسية لن يكون تلقائياً أو بنفس سرعة قيام عالم بلا حدود اقتصادية أو ثقافية، فالانتقال الحر للأفراد والسلع والخدمات والأفكار والمعلومات عبر المجتمعات والقارات والذي برزت تجلياته في التسعينات من القرن العشرين، أدى إلى انحسار نسبي للسيادة المطلقة وخلق انطباعاً بأن الدولة لم تعد ضرورية لأنها فقدت دورها وأهميتها.

ورغم ذلك لم تتراجع كل مظاهر السيادة ولم يضع ذلك نهاية للدولة، كما أنه لن يؤدي إلى قيام الحكومة العالمية التي ستحل محل الدولة القومية لتُدير العالم وكأنه وحدة اقتصادية ثقافية واجتماعية وسياسية واحدة.

لقد ارتبطت العولمة السياسية ببروز مجموعة من القضايا والمشكلات العالمية الجديدة التي تتطلب استجابات دولية وجماعية على صعيد كل دولة. فقضايا التسعينات من القرن الماضي، القرن العشرين، لم تعد قضايا محلية وانكماش العالم وتقارب المجتمعات والارتقاء من المحلية إلى العالمية قادت إلى تدويل لكل القضايا التي تجاوزت طورها المحلي إلى الطور العالمي وأخذت تبحث عن الحلول العالمية، ومن هذه القضايا الديمقراطية وحقوق الإنسان الحرية والمساواة...الخ.

وفي الواقع، إن مفهوم العولمة السياسية يثير نوعاً من العلاقة الجدلية مع مفهومات وقضايا أساسية مثل: دور الدولة ووظائفها، وكذلك الديمقراطية وحقوق الإنسان، ومن ثم يكون التساؤل عن طبيعة ارتباط العولمة السياسية وتأثيراتها الإيجابية والسلبية على تلك المفاهيم والقضايا. ويذهب (دانيال دريزنر) إلى أن ثمة اتفاقاً واسعاً بين الدارسين على أن العولمة السياسية قد أدت بالفعل إلى أضعاف سلطة الدولة، فما أضعف الدولة بشدة ذلك الاتجاه المتزايد نحو التكامل الكوني. ونتيجة لعدد من التطورات الكونية في مختلف المجالات، فإن المهام التقليدية للحكومات، والتي اعتبرت أساسية، قد خرجت من يدها(20).

وفي الاتجاه نفسه يذهب روزناو نحو مؤشرات تراجع قوة الدولة القومية في مواجهة ثورة المعلومات والتقنيات الحديثة وعولمة الاقتصادات والإنتاج، كما أصبحت، أي الدولة، أقل تأثيراً وكفاءة في إدارة شؤونها الداخلية، ومن ثم لم تعد قادرة على حل المشكلات الجديدة مثل: قضايا البيئة، الإرهاب، تجارة المخدرات، الأزمات المالية، الأمر الذي قاد إلى نتيجتين، أولهما، إن الدولة أصبحت أهم مصادر الاضطراب في السياسة الدولية. وثانيها، إنه بسبب تحول مصادر شرعية السلطة من شرعية تقليدية إلى شرعية الأداء الجيد بفعل التغييرات العالمية وبسبب ضعف ثقة المواطنين في قدرة دولهم على حل المشكلات الجديدة، فإن هذا أدى إلى وجود أزمة السلطة(21).

وفي ضوء ما تقدم يمكن القول إن من أبرز ملامح العولمة السياسية هي:

1. تغيير المفهوم التقليدي للدولة من حيث أنه لم يعد للدولة السيادة المطلقة على الإقليم بسبب من التحولات الجذرية التي شهدها العالم منذ الربع الأخير من القرن العشرين. كما أن تنوع المصالح والاحتياجات الشعبية لمختلف دول العالم، وبقدر ما أدى إلى زيادة ترابطها وتداخلها فإنه أدى من ناحية أخرى إلى أن تمتد تلك المصالح والحاجات والتطلعات إلى خارج إقليم الدولة.

2. بروز آليات العولمة الاقتصادية وممارساتها المتنوعة من خلال رسم السياسات الاقتصادية التي يحددها صندوق النقد الدولي والبنك الدولي، إضافة إلى الشركات المتعددة الجنسية والتي يمثل وجودها مع الآليات الأخرى ضغطاً على سلطة الدولة وتهديداً لاستقلالها السياسي.

3. وجود شبكة من القوى العالمية والتكتلات الإقليمية والمحلية التي تنافس الدولة لا سيما فيما يرتبط بآليات صنع القرار السياسي.

4. أحدث تفوق وأساليب الثورة المعلوماتية اختفاء الحدود السياسة وطرح وظيفة جديدة للدولة، كفاعل دولي، تتمثل في ضرورة تهيئة المواطن وتكيفه مع بنية الواقع المعلوماتي.

ويتحدد البعد الثقافي لظاهرة العولمة بنشر نمط فكري - ثقافي معين باعتباره يمثل النموذج في طريقة الحياة للمجتمعات الإنسانية. ومما يزيد من تفعيل هذا الاتجاه هو الإحساس باعتمادنا المتبادل مقروناً بوسائل الاتصال عبر المسافات البعيدة الأمر الذي ينتج عنه أنماطاً جديدة من التحالف والتضامن الثقافي / السياسي. إن ما يجري اليوم على صعيد العلاقات الدولية بدءاً من الفرد، ومروراً بالمجموعات الاجتماعية، وانتهاءاً بالدولة وغيرها من الوحدات الدولية الأخرى، هو محاولة تعميم نموذج فكري لمنظومة القيم والثقافة وطريقة الحياة باعتباره هو الأصلح دائماً..ولعل أخطر إسقاطات هذا المنحى يتمثل بتهميشه وإقصائه البنى الفكرية والثقافية والقيمية عند الآخرين، مما يعني عملية مسخ منظمة للأرث الجماعي لشعب ما، والذي هو لسانه وتاريخيه وعبقريته و ومنجزاته الفنية والأدبية والعلمية والفكرية.

أن مثل هذا التعميم لنموذج ثقافي بعينه، فإنه في حقيقته يرمي إلى توحيد قسري للآدب والأذواق والرغبات. وبالتالي يقود إلى نوع من الانكماش الفكري والثقافي، وبذلك تفقد الشعوب هويتها المعرَّفة على أنها مجامع بشرية يربطهم ببعضهم رباط ثقافة مشتركة.

وهكذا، يجري تشويه إدراك شعب ما لأرثه والتلاعب بعناصره، مع إجلائه تدريجياً واستبداله بأرث مختلف، واصطناع أداة محل أداة فكرية ووجدانية قائمة يرافقه تدمير الرمز والنخب القادرة على قيادة الشعب سياسياً وتنويره ثقافياً، فإن القيم والعادات وبنى التأويل المنحدرة من أيديولوجية أجنبية تؤدي إلى سلب روح شعب ما وتعطيل إرادته في بناء شخصيته الفكرية والثقافية المستقلة ليتحول بعدها إلى مجرد كتلة بشرية تابعة، مقلدة، ومفتقرة لمقومات التمايز والبقاء.

هذه السياسة المنظمة في تصدير القيم والثقافات والنماذج الفكرية، وفي إطار تعاملها مع الآخرين على الصعيد الدولي، لا يمكن أن يكتب لها النجاح من دون توظيف أدوات منظمة. وهنا يشكل احتكار وسائل الاتصال امتيازاً لمن يستطيع امتلاكه ويتفنن في استخدامه. وهذا ما تمكنت منه الولايات المتحدة، على سبيل المثال، على امتداد تاريخها. إذ أن نجاحها في تعميم نمط حياتها ونشر ثقافتها عالمياً قام، وما يزال، على الاستخدام المنظم لوسائل الاتصال والدعاية.

ورغم أن هذه الوسائل كانت من اختصاص الأنظمة الفاشية والماركسية، فأن الولايات المتحدة لم تتردد عن استخدامها وبمهارة فائقة. ومما ساعدها في ذلك خبرتها التاريخية الطويلة في مجال الإعلان، واحتكار كبريات وكالات الصحافة الدولية، وقوتهم المالية. فمنذ وقت مبكر وضع الأمريكييون يدهم على وسائل الإعلام الأساسية وكان لهم حضور واضح في مناطق مختلفة من العالم. هذه الوسائل مكونة من وكالات الصحافة والإعلان والسينما والتلفزة ومعاهد الاستطلاع والاتصالات الهاتفية. وقد تمكنت جميع هذه الوسائل من نقل النمط الفكري الثقافي وطريقة الحياة الأمريكية إلى بقية شعوب العالم مخترقة بذلك حدودها القومية والوطنية. كما سمحت لهم الهيمنة على هذه الوسائل الأساسية بأن يمارسوا، منذ مرحلة ما بين الحربين العالميتين الأولى والثانية، نفوذاً مؤثراً في العناصر التي تشكل الفضاء الروحي للشعوب: الآداب

اللغة، التربية. هذه العناصر الثلاثة تمثل مجموع كل النشاطات التي يتمايز بها شعب عن شعب آخر(22).

إن ما نريد أن نصل إليه هو، أن الولايات المتحدة الأمريكية، وعلى صعيد علاقاتها الدولية، عملت على توظيف تفوقها النوعي في مجال الصحافة والسينما والتلفزة والإعلان والأجهزة الكومبيوترية، الأمر الذي مكنها ليس فقط من تفعيل جاذبية نموذجها الثقافي الأمريكي في طريقة الحياة والنمط التفكير، إنما مكنها أيضاً من مثاقفته مع النماذج الفكرية والثقافية للشعوب الأخرى بهدف إحلاله وفرضه عليها، متجاوزاً بذلك خصوصيتها الثقافية ومعالم هويتها القومية.

إن المخاطر المترتبة على الهوية الثقافية، جراء الاستخدام المكثف لهذه الوسائل والأدوات، إنما هي مقدمة لمخاطر جسيمة على الدولة الوطنية والاستقلال الوطني والإرادة الوطنية والثقافة الوطنية حيث تُمسخ جميعها لصالح ثقافة القوة المهيمنة لتصبح هي نموذج الثقافات. وباسم الثقافة يتم انحسار الهويات الثقافية الخاصة فتبرز مفاهيم مضللة، كالتفاعل الثقافي، والتداخل الحضاري، وحوار الحضارات، والتبادل الثقافي، وهي مفاهيم على الجملة تنتهي إلى ثقافة القوة المهيمنة طالما أن الطرف الآخر لا يملك وسائل الحصانة الكافية التي تحدَّ من انهياره وتقلل من اندفاعه أو لنقل تبعيته، وعندها تنتهي التعددية لصالح عالم أحادي القطب(23).

هوامش الباب الرابع

1. انظر للتفاصيل حول هذا الموضوع: د. أحمد الرشيدي، حقوق الإنسان، دراسة مقارنة في النظرية والتطبيق، القاهرة، دار الشروق، 2005.

2. انظر: المؤتمر العالمي لحقوق الإنسان، إعلان وبرنامج عمل فينا، حزيران/يونيو 19693، (نيويورك، الأمم المتحدة 1995).

3. ورد عند:

Dang Sanders, New York Times, 11 November, 2002.

4. حديث كولن باول ورد عند:

Julia Perston, New York Times, 18 October, 2002.

5. ورد عند:

Elisabeth Bumiller and Carl Hules, New York Times, 12 October, 2002.

6. ورد عند:

David Sanger and Warren Hoge, New York Times, 17 March, 2003.

7. انظر: ماجد ياسين الحموي، الإرهاب الدولي، مجلة جامعة الملك سعود، العلوم الإدارية، 2003، ص 205.

8. ورد التعريف في صحيفة القدس العربي، العدد (3893)، 18/نوفمبر 2001، ص 7.

9. انظر: د. اسماعيل الغزال، الإرهاب والقانون الدولي، المؤسسة الجامعية للدراسات والنشر، القاهرة، 1990، ص 56.

10. انظر: د. بطرس غالي، الأمم المتحدة ومواجهة: الإرهاب، السياسة الدولية، العدد (127) يناير 1997، ص 10.

11. للمزيد من التفاصيل حول هذه الاتفاقيات راجع: أحمد أبو الروس، الإرهاب والتطرف والعنف الدولي، المكتب الجامعي، الإسكندرية، 2001.

12. للتفاصيل حول ظاهرة الإرهاب وتنوع أبعادها وتعدد أصنافها يمكن الرجوع إلى: عبد الناصر حريز، الإرهاب السياسي، دراسة تحليلية، مكتبة مدبولي، القاهرة 1996، ص 8 وما بعدها.

13. المصدر نفسه، ص 174.

14. المصدر نفسه، ص 174.

15. انظر: إبراهيم أبراش، العنف السياسي بين الإرهاب والكفاح المشروع، مجلة الوحدة، العدد (67)، نيسان، 1990، الرباط، ص 84.

16. انظر بذلك:

A. Giddens, The Consequences of Modernity, Stand Ford University press. 1990.

17. راجع:

Ronald Robertson, Globalization, Social theory and clobal culture sage publication, London - New Delhi, 1996.

18. للتفاصيل راجع:

محمود أمين العالم، العولمة وخيارات المستقبل، مجلة قضايا فكرية، دار قضايا فكرية للنشر والتوزيع، القاهرة، العدد (29)، 1999.

19. راجع بذلك:

Thompson G, Economic Autonomy and the advanced Industrial state in, A-Mo. Grew and p. Lewis (Eds), Global politics. Globalization and the Natio state polity press, Cambridge, 1992.

20. راجع:

Danile Drezner, Globalization of the world unite, copyright by the center for strategic and International Studies and the Massa chusett, Instilute of Technology (http/iez hwwilsonwe.comlegilbinl,1998).

21. انظر بذلك:

Jams Roseneau, post International ism N. Athurbulant world, In, Jains Roseneau and Marry DurFee, Thinking Theory Thoroughly Coherent Approaches To an Incoherent world, N.Y west view press, 1995.

22. للتفاصيل راجع:

د. عبد القادر محمد فهمي، الفكر السياسي والإستراتيجي للولايات المتحدة الأمريكية، دراسة في الأفكار والعقائد ووسائل البناء الإمبراطوري، دار الشروق للنشر والتوزيع، عمان، 2009، ص 144 وما بعدها.

23. المرجع نفسه، ص 145.